Les cahiers **d'exercices** **ASSiMiL**®

Allemand

Bettina Schödel

Collège **6ᵉ**

À propos de ce cahier

Tu as décidé d'apprendre l'allemand. Tu veux t'y mettre de manière autodidacte avant la rentrée ou bien réviser le vocabulaire et les règles de base étudiés en première année d'allemand. Ce cahier est là pour t'y aider.

Il se compose de 9 modules : un module zéro pour la prononciation et 8 modules consacrés à des thèmes généraux (1. Premier contact ; 2. Les nombres ; 3. L'école et le temps libre…) divisés en différents petits objectifs communicationnels (Saluer, Demander et dire comment on s'appelle, Demander et indiquer son âge…). Tu y trouveras de la grammaire, beaucoup de vocabulaire, ainsi que des exercices variés et ludiques.

Enfin, ce cahier te permettra d'effectuer ton évaluation grâce aux icônes dessinées pour chaque exercice et que tu reporteras dans le bilan final de chaque module. ☺ pour une majorité de bonnes réponses, 😐 pour environ la moitié et ☹ pour moins de la moitié.

À toi de jouer maintenant. **Viel Spaß!** Amuse-toi bien !

Sommaire

Module 0 : Règles de base et prononciation 3
Module 1 : Hallo! *Salut !* 11
Module 2 : Eins, zwei, drei… *Un, deux, trois…* 25
Module 3 : Schule und Freizeit *École et temps libre* 39
Module 4 : Die 4 Jahreszeiten *Les 4 saisons* 55
Module 5 : Meine Familie *Ma famille* 71
Module 6 : Guten Appetit! *Bon appétit !* 85
Module 7 : Willkommen zu Hause! *Bienvenue à la maison !* 99
Module 8 : Schönes Wochenende! *Bon week-end !* 113
Solutions 124
Tableau d'autoévaluation 128

Règles de base et prononciation

Module 0

Objectifs

- Introduction
- L'alphabet
- Les majuscules et les minuscules
- Le **Umlaut** (ä, ö, ü)
- Les voyelles longues et les voyelles brèves
- Les diphtongues
- Le **Ach-Laut**, le **Ich-laut** et les groupes **sch**, **sp**, **st**
- Les consonnes **v** et **w**
- Les consonnes **g**, **H** (h aspiré), **j**, **r** et **ß**

MODULE 0 : RÈGLES DE BASE ET PRONONCIATION

Introduction

Avant d'entrer dans les détails, voyons les grandes lignes de la prononciation de l'allemand. Note bien les points suivants.

- Il n'y a pas de liaison entre les mots.
- Toutes les lettres se prononcent.
- Il n'existe pas de nasales comme en français. Dans les groupes **am/an**, **im/in**, **om/on**, **um/un** comme dans **Montag**, *lundi*, **Samstag**, *samedi*, on prononce la voyelle + le **m** ou le **n**. Dans le groupe voyelle + **nk** comme **danke**, *merci*, on entend le **a** puis le **nk** comme dans le *pink* anglais.
- Une voyelle peut être brève ou longue. Généralement, elle est brève lorsqu'elle est suivie de plusieurs consonnes et longue lorsqu'elle est suivie d'une consonne. Remarque : dans la phonétique, les voyelles longues sont suivies de deux points (:).

L'alphabet

Aa [a]	Bb [b]	Cc [tsé]	Dd [d]	Ee [é]	Ff [f]
Gg [gué]	Hh [ha]	Ii [i]	Jj [yotte]	Kk [k]	Ll [l]
Mm [m]	Nn [n]	Oo [o]	Pp [p]	Qq [cou]	Rr [r]
Ss [s]	Tt [t]	Uu [ou]	Vv [faou]	Ww [v]	Xx [x]
Yy [upsilonne]	Zz [tsèt]	Ää [è]	Öö [eu]	Üü [u]	ß [eszett]

L'alphabet allemand comporte, comme en français, les lettres de A à Z. Celles dont la prononciation diffère du français sont indiquées en vert foncé.

Les voyelles **a**, **o**, **u** peuvent prendre deux points. Il s'agit du **Umlaut**, nommé *tréma* ou *inflexion* en français. Observe bien la différence de prononciation entre la voyelle sans et avec **Umlaut**.

Le **ß eszett** est une lettre qui n'existe qu'en allemand. Elle se prononce comme **2 s**.

MODULE 0 : RÈGLES DE BASE ET PRONONCIATION

1 Relie les lettres à leur prononciation.

a. v •   • 1. [faou]
b. ö •   • 2. [gué]
c. z •   • 3. [è]
d. j •   • 4. [ha]
e. h •   • 5. [é]
f. y •   • 6. [u]
g. q •   • 7. [upsilonne]
h. c •   • 8. [tsèt]
i. u •   • 9. [cou]
j. g •   • 10. [yotte]
k. w •   • 11. [ou]
l. ä •   • 12. [eu]
m. ü •   • 13. [v]
n. e •   • 14. [tsé]

2 Épelle les prénoms suivants en reprenant la prononciation du tableau « à la française ».

a. Benz   ➜   [   ] [   ] [   ] [   ]

b. Yannick ➜   [   ] [   ] [   ] [   ] [   ] [   ] [   ]

c. Tanja   ➜   [   ] [   ] [   ] [   ] [   ]

MODULE 0 : RÈGLES DE BASE ET PRONONCIATION

Les majuscules et les minuscules

En allemand, aussi bien les noms propres que les noms communs prennent une majuscule. Exemples : **Deutschland**, *l'Allemagne* ; **Frankreich**, *la France* ; **die Schule**, *l'école* ; **der Lehrer**, *le professeur*.

3 Réécris ces phrases en ajoutant les majuscules nécessaires. Note que le er final se prononce comme un a léger.

a. anna wohnt in berlin. *Anna habite à Berlin.*

....

b. wie ist dein name? *Quel est ton nom ?*

....

c. ich heiße paula. *Je m'appelle Paula.*

....

d. lernst du deutsch? *Apprends-tu l'allemand ?*

....

Le *Umlaut*

Le **a** se prononce [a] et le **ä** [è] comme dans *père*.
Le **o** se prononce [o] et le **ö** [eu] comme dans *peu*.
Le **u** se prononce [ou] comme dans *cou* et le **ü** [u] comme dans *tutu*.

4 Complète ces noms de famille allemands en suivant la phonétique « à la française ».

a. k – r – è – m – é – r   KR .... MER

b. gué – r – a – ou   GRA ....

c. r – u – ha – l – é – r   R .... HLER

d. s – tsé – ha – eu – n   SCH .... N

MODULE 0 : RÈGLES DE BASE ET PRONONCIATION

Les voyelles longues et brèves

Une voyelle est longue quand elle est suivie d'un **h** ou d'une seule consonne ; elle est brève quand elle est suivie d'une double consonne ou de plusieurs consonnes.

La voyelle **i** est longue quand elle est suivie d'un **e**.

La voyelle **e** se prononce [é] quand elle est longue et [è] quand elle est brève ; en fin de mot, elle se prononce comme un **e** très léger.

5 Classe les mots dans la catégorie leur correspondant dans le tableau sans tenir compte de la terminaison infinitive -en.

essen, *manger* • **ihr**, *vous* • **ich**, *je* • **Tee**, *thé* • **sehen**, *voir*
rechnen, *compter* • **lesen**, *lire* • **nicht**, *pas* • **Sohn**, *fils* • **Sonne**, *soleil*

VOYELLE BRÈVE	VOYELLE LONGUE

Les diphtongues

La diphtongue **au** se prononce [aou] comme dans *Saoudite*.
Les diphtongues **äu/eu** se prononcent [oï] comme dans langue d'*oïl*.
Les diphtongues **ai/ei** équivalent à [aï] comme dans *ail*.

6 Classe les mots suivants selon leur son. Le(s) nom(s) avec deux diphtongues est/sont à classer deux fois.

eins, *un* / **blau**, *bleu* / **neun**, *neuf* / **weiß**, *blanc* / **Fräulein**, *mademoiselle*
grau, *gris* / **zwei**, *deux* / **Mai**, *mai* / **Freund**, *ami* / **Mäuse**, *souris*

[aou]	[aï]	[oï]

MODULE 0 : RÈGLES DE BASE ET PRONONCIATION

Le *Ach-Laut*, *Ich-Laut* et les groupes *sch, sp, st*

Le **Ach-Laut** : après **a**, **au**, **o** et **u**, le groupe **ch** se prononce comme un [r] raclé venant de la gorge.

Le **Ich-Laut** : après **ä**, **e**, **eu**, **i**, **ie**, **ö** et **ü**, le groupe **ch** se prononce chuinté, avec la bouche placée comme pour sourire.

Le groupe **sch** se prononce [ch] comme dans *champ* et les groupes **sp** et **st** se prononcent [chp] et [cht] lorsqu'ils se trouvent en début de syllabe ou de mot.

7 Voici une série de prénoms et de noms de famille à classer dans les catégories *Ach-Laut*, *Ich-Laut* ou [ch]/[chp]/[cht]. Attention aux intrus !

Prénoms : Natascha   Michael   Achim   Richard   Christian

Noms de famille : Bachman   Schneider   Steinmann   Koch   Fasching   Hase

a. Ach-Laut	b. Ich-Laut	c. [ch]/ [chp]/ [cht]

Les consonnes *v* et *w*

Le **v** se prononce [f] comme dans *famille* sauf dans **Vase** ➜ [w].
Le **w** se prononce [v] comme dans *voyage*.

MODULE 0 : RÈGLES DE BASE ET PRONONCIATION

8 **Complète ces noms allemands en suivant la phonétique « à la française ».**

a. [vo:]   .... o *où*

b. [fi:l]   .... iel *beaucoup*

c. [vi: fi:l]   .... ie .... iel *combien*

Et, pour finir, note les points suivants

- Le **-er** final se prononce comme un **a** léger.
- Placé en début de mot ou de syllabe, le **g** se prononce toujours comme dans *gâteau*, même devant **e** et **i**.
- Le **H** est aspiré lorsqu'il est placé en début de mot ou de syllabe. Il se prononce comme dans le *Hello* anglais.
- Le **j** se prononce comme dans *yacht*.

MODULE 0 : RÈGLES DE BASE ET PRONONCIATION

Bilan

😊 😐 ☹️

L'alphabet
1. .... ☐ ☐ ☐
2. .... ☐ ☐ ☐

Les majuscules et les minuscules
3. .... ☐ ☐ ☐

Le *Umlaut*
4. .... ☐ ☐ ☐

Les voyelles longues et brèves
5. .... ☐ ☐ ☐

Les diphtongues
6. .... ☐ ☐ ☐

Le *Ach-Laut*, le *Ich-laut* et les groupes *sch*, *sp*, *st*
7. .... ☐ ☐ ☐

Les consonnes *v* et *w*
8. .... ☐ ☐ ☐

Hallo!

Objectifs

- **Saluer**
  Pour cela, nous allons voir :
  - les différentes façons de dire *bonjour / au revoir*
  - la tournure **Wie geht es?** *Comment ça va ?*
    + réponses

- **Demander** *qui est-ce ?* **et répondre**
  Pour cela, nous allons voir :
  - le pronom interrogatif **wer**, *qui* et les tournures **das ist/ sind**, *c'est / ce sont*
  - les pronoms personnels sujets **ich**, *je*, **du**, *tu*, **wir**, *nous*, **ihr**, *vous* + le verbe **sein**, *être* au présent de l'indicatif

- **Demander comment s'appelle, d'où vient, où habite quelqu'un et répondre**
  Pour cela, nous allons voir :
  - le présent de l'indicatif d'un verbe régulier (dit faible) (**kommen**, *venir*) et d'un verbe régulier terminé en **-ß**, **-(s)s** ou **-(t)z** (**heißen**, *s'appeler*) aux 1res et 2es personnes du singulier et du pluriel
  - les pronoms interrogatifs **wie**, *comment*, **woher**, *d'où* et **wo**, *où*
  - les noms des villes et des pays
  - les prépositions **aus**, *de*, **in**, *à/en*

- **Demander à quelqu'un quelle langue il parle et répondre**
  Pour cela, nous allons voir :
  - les noms des langues
  - le présent de l'indicatif d'un verbe irrégulier en **e** (dit fort) (**sprechen**, *parler*) aux 1res et 2es personnes du singulier et du pluriel

- **Demander l'âge et répondre**
  Pour cela, nous allons voir :
  - les chiffres/nombres de 0 à 19
  - la tournure **Wie alt...?** *Quel âge... ?*

MODULE 1 : HALLO!

Différentes façons de dire bonjour / au revoir

Pour saluer des gens plus âgés, qu'on ne connaît pas ou peu, on dit :
Guten Tag! → *Bonjour !* **Guten Abend!** → *Bonsoir !* et **Auf Wiedersehen!** → *Au revoir !*

Entre jeunes et amis, on dit **Hallo!** ou **Hi!** comme en anglais (qui correspond donc à *Salut !*) pour dire *bonjour* et **Tschüss!**, traduit par *Salut !* pour dire *au revoir*.

Guten Morgen! se dit le matin comme le *Good morning!* anglais.

Gute Nacht! signifie *Bonne nuit !*

1 Retrouve les formules de salutation à employer selon le contexte.

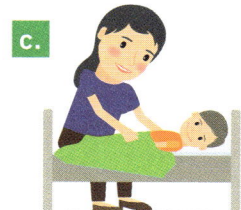

a. .... !

b. .... !

c. .... !

d. .... ! /

.... !

MODULE 1 : HALLO!

La tournure *Wie geht es? / Wie geht's?* Comment ça va ? + réponses

Apprends bien ces phrases par cœur. Il s'agit de tournures propres à l'allemand que l'on ne peut pas traduire mot à mot en français. Note que, à l'oral, on emploie souvent la forme contractée **geht's**.

Wie geht's? ➜ *Comment ça va ?*
Wie geht's dir? ➜ *Comment vas-tu ?*
Wie geht's euch? ➜ *Comment allez-vous ?* (*vous* de tutoiement)

Si on va bien, on répond par :
Gut, danke ➜ *Bien, merci.*

On peut également retourner la question par :
Gut, danke und dir? ➜ *Bien, merci, et toi ?*
Gut, danke und euch? ➜ *Bien, merci, et vous ?* (*vous* de tutoiement, c'est-à-dire qu'on parle à plusieurs personnes qu'on tutoie)

2 Complète les bulles.

a. *Hi, Elena.* Wie .... dir? > < *Gut.* ....
Und .... ?

b. *Hi!* .... geht's? > < *Gut, danke und* .... ?

MODULE 1 : HALLO!

Dire comment ça va

Super!	Super !	So lala / Na ja!	Comme ci, comme ça !
Sehr gut!	Très bien !	Nicht gut!	Pas bien !
Geht so!	Ça va moyen !	Schlecht!	Mal !

3 As-tu bien mémorisé le vocabulaire ?
Indique la tournure (ou les tournures) synonyme(s).

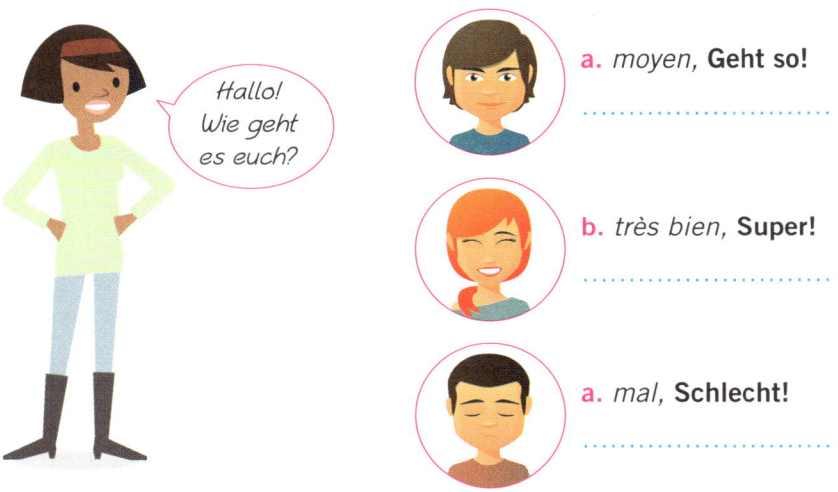

a. *moyen*, **Geht so!**
....

b. *très bien*, **Super!**
....

a. *mal*, **Schlecht!**
....

Le pronom interrogatif *wer*, qui et les tournures *das ist/sind*, c'est/ce sont

Wer correspond à *qui* et pose la question sur le sujet et **ist das** correspond à *est-ce* :
Wer ist das? ➜ *Qui est-ce ?*

Pour répondre, on dira **Das ist...** ➜ *C'est...* quand il n'y a qu'une personne
et **Das sind...** ➜ *Ce sont...* quand il y en a plusieurs.
Das ist Julia ➜ *C'est Julia.*
Das sind Julia und Michael ➜ *Ce sont Julia et Michaël.*

Note que **ist**, *est* et **sind**, *sont* correspondent à la 3e personne du singulier et du pluriel du verbe **sein**, *être*. Note également que **und** signifie *et*.

MODULE 1 : HALLO!

4 Complète les phrases.

a. Wer ist ....? – Das .... Anna.

b. .... ist das? – Das .... Anna und Luka.

c. Wer .... das? – .... ist Tanja.

Les pronoms personnels sujets *ich/du/wir/ihr*, *je/tu/nous/vous* + le verbe *sein*, être au présent de l'indicatif

	ich	du	wir	ihr
sein	bin	bist	sind	seid

- **ich**, **du** et **wir** = *je*, *tu* et *nous*
- **ihr** = *vous*. Attention, **ihr** s'emploie quand on tutoie plusieurs personnes !

- **sein**, *être* est un verbe très irrégulier. Exemples :
  Hi, ich bin Tanja. ➜ *Salut, je suis Tanja.* **Wer seid ihr?** ➜ *Qui êtes-vous ?*

5 Complète les phrases par le pronom personnel.

a. Wer bist .... ?

b. .... bin Anna.

c. Hallo, ... sind Luka und Tobias.

d. Wer seid .... ?

6 Complète les phrases par le verbe *sein*, être conjugué.

a. Wer .... ihr?

b. Ich .... Paula.

c. Wer .... du?

d. Wer .... wir?

MODULE 1 : HALLO !

Les verbes *kommen*, venir et *heißen*, s'appeler au présent de l'indicatif des 1res et 2es personnes du singulier et du pluriel

	ich	du	wir	ihr
kommen	komme	kommst	kommen	kommt
heißen	heiße	heißt	heißen	heißt

Observe les terminaisons des infinitifs : on a **-en** ou quelquefois **-n** comme **sein**, *être*.

Kommen est un verbe régulier au présent de l'indicatif et les terminaisons sont : **-e** pour **ich**, *je*, **-st** pour **du**, *tu*, **-en** pour **wir**, *nous* et **-t** pour **ihr**, *vous*.

Heißen est aussi régulier, mais il prend juste un **-t** à la 2e personne du singulier car son radical se termine en **-ß**. Cette particularité phonétique vaut aussi pour les verbes dont le radical se termine par **-(s)s** ou **-(t)z**. Attention : contrairement au français *s'appeler*, **heißen** n'est pas un verbe pronominal.
Wir kommen ➜ *Nous venons.*
Ich heiße Stefanie ➜ *Je m'appelle Stéphanie.*

7 Apprends la leçon puis, sans regarder le tableau de conjugaison, conjugue le verbe *wohnen*, habiter (verbe régulier) au présent de l'indicatif.

a. ich ....   c. wir ....

b. du ....   d. ihr ....

8 Conjugue les verbes au présent de l'indicatif des personnes indiquées.

a. ich .... (kommen)

b. du .... (heißen)

c. du .... (kommen)

d. ihr .... (heißen)

e. wir .... (kommen)

f. ich .... (heißen)

MODULE 1 : HALLO!

Les pronoms interrogatifs *wie*, comment, *woher*, d'où et *wo*, où.

Wie signifie *comment* : **Wie heißt du?** ➔ *Comment tu t'appelles ?*

Pour demander le nom de quelqu'un, on dit aussi :
Wie ist dein Name? ➔ *Quel est ton nom ?*
Et on répond par : **Mein Name ist…** ➔ *Mon nom est…*

Woher signifie *d'où* : **Woher kommst du?** ➔ *D'où viens-tu ?*

Wo signifie *où* et s'emploie pour demander le lieu où l'on est/habite :
Wo wohnst du? ➔ *Où habites-tu ?*

9 Certains verbes et pronoms interrogatifs des questions se sont perdus. Retrouve-les dans cette liste. Attention aux intrus !

a. .... kommt ihr?
b. .... wohnt ihr?
c. Wie .... ihr?
d. Und .... heißt du?
e. Wo .... ihr?
f. Wo .... du?
g. Woher .... ihr?

Les noms des villes et des pays

Généralement, les noms de villes et de pays sont proches des noms français, voire identiques : **Lissabon**, *Lisbonne*, **Portugal**, *Portugal*. Mais certains ressemblent moins au français, comme **Deutschland**, *Allemagne*, **Spanien**, *Espagne* ou encore **Österreich**, *Autriche*. Tu noteras que, contrairement au français, les pays ne prennent pas d'article. Il existe cependant quelques exceptions, notamment **die Schweiz**, *la Suisse* et **die Vereinigten Staaten**, *les États-Unis*.

MODULE 1 : HALLO!

10. Essaie de retrouver la traduction de chacun des pays ci-dessous. Teste par la même occasion ta connaissance des drapeaux et relie-les avec leur pays.

a. Italien •	• 1. États-Unis •	• A
b. Großbritannien •	• 2. Russie •	• B
c. Japan •	• 3. France •	• C
d. die Vereinigten Staaten •	• 4. Grande-Bretagne •	• D
e. Frankreich •	• 5. Afrique du Sud •	• E
f. China •	• 6. Italie •	• F
g. Südafrika •	• 7. Japon •	• G
h. Russland •	• 8. Chine •	• H

11. As-tu bien mémorisé les noms allemands pour (la) Suisse, (l')Autriche, (l')Espagne, (l')Allemagne ? Retrouve-les dans la suite de lettres suivantes en les séparant les uns des autres ; l'article n'est pas indiqué.

SCHWEIZÖSTERREICHSPANIENDEUTSCHLAND

12. Die Schweiz, Deutschland, Österreich, Frankreich. Saurais-tu reconnaître ces pays ? Indique chaque nom dans son pays correspondant.

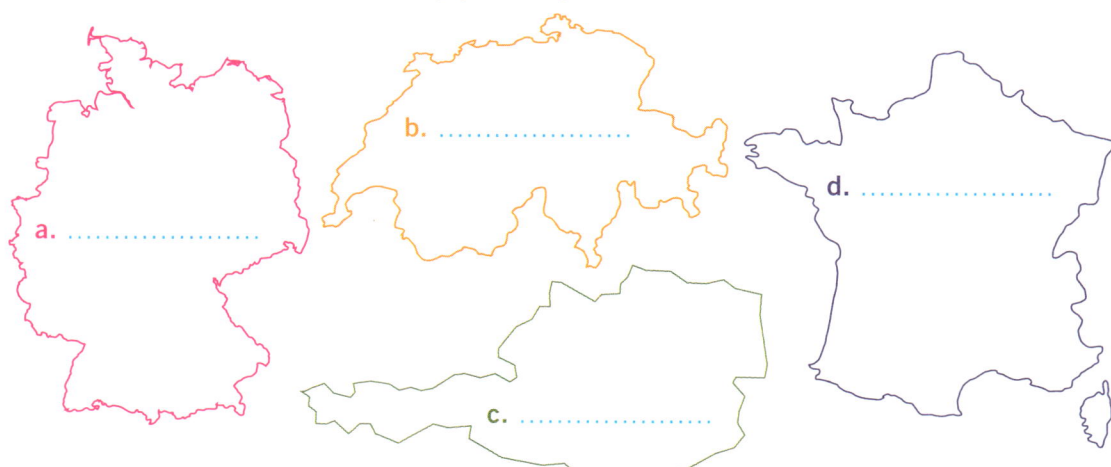

MODULE 1 : HALLO!

Les prépositions *aus*, de et *in*, à/en + les noms de villes et de pays

- **aus** *de* + nom de ville/pays est la réponse à la question **Woher kommst du?**
  Ich komme aus Deutschland ➜ *Je viens d'Allemagne.*

- **in**, *à/en* + nom de ville/pays est la réponse à la question **Wo wohnst du?**
  Ich wohne in Portugal ➜ *J'habite au Portugal.*

Cette règle vaut pour les noms de pays et de villes ne prenant pas d'article.
Dans le cas de **die Schweiz**, *la Suisse* et de **die Vereinigten Staaten**,
les États-Unis, on dit :
Ich komme aus der Schweiz / aus den Vereinigten Staaten
➜ *Je viens de Suisse / des États-Unis.*
Ich bin in der Schweiz / in den Vereinigten Staaten
➜ *Je suis en Suisse / aux États-Unis.*

13 **Relie chaque question avec sa réponse correspondante.**

a. Wo wohnt ihr? • • 1. Ich komme aus Österreich.

b. Woher kommt ihr? • • 2. Ich bin in Deutschland.

c. Wo bist du? • • 3. Wir sind in der Schweiz.

d. Woher kommst du? • • 4. Wir wohnen in Österreich.

e. Wo seid ihr? • • 5. Wir kommen aus Österreich.

14 **Complète les phrases par la préposition *aus* ou *in*.**

a. Wo seid ihr? .... Berlin.

b. Wo wohnst du? .... Deutschland.

c. Woher kommt ihr? .... London.

d. Wo bist du? .... der Schweiz.

MODULE 1 : HALLO !

Les noms des langues

Ils se terminent par le suffixe **-isch**, excepté **Deutsch**, *allemand*. Ils restent très proches des noms du pays et ont pour la plupart une racine commune avec le français et/ou l'anglais ; en outre, ils prennent une majuscule car, en allemand, aussi bien les noms propres que les noms communs prennent une majuscule.

15. Traduis les langues suivantes en français en t'appuyant, dans la très grande majorité des cas, sur tes connaissances des noms de pays.

a. Italienisch ....

b. Französisch ....

c. Deutsch ....

d. Spanisch ....

e. Englisch ....

f. Chinesisch ....

g. Russisch ....

h. Japanisch ....

i. Amerikanisch ....

Le verbe *sprechen*, parler au présent de l'indicatif des 1res et 2es personnes du singulier et du pluriel

	ich	du	wir	ihr
sprechen	spreche	sprichst	sprechen	sprecht

Sprechen est un verbe irrégulier. Comme tu peux le constater dans le tableau, le **e** du radical devient **i** à la 2e personne du singulier. Ce changement de voyelle concerne plusieurs verbes (mais pas tous !) ayant un radical en **e**.

Retiens les phrases suivantes :
Sprichst du Deutsch? ➜ *Parles-tu allemand ?*
Ja, ich spreche Deutsch ➜ *Oui, je parle allemand.*
Nein, ich spreche kein Deutsch ➜ *Non, je ne parle pas allemand.*
Ich spreche ein bisschen Deutsch ➜ *Je parle un peu allemand.*

MODULE 1 : HALLO!

16 As-tu bien mémorisé la règle ? À toi de jouer ! Complète les phrases par le verbe *sprechen*.

a. Nein, wir .... kein Spanisch.

b. .... ihr Englisch?

c. .... du Italienisch?

d. Ja, ich .... Russisch.

17 Traduis les phrases suivantes.

a. Parles-tu italien ?

➜ ....

b. Oui, je parle anglais.

➜ ....

c. Nous parlons un peu français.

➜ ....

d. Non, je ne parle pas espagnol.

➜ ....

Les chiffres/nombres de 0 à 19

Tout d'abord, tu vas compter jusqu'à 12 puis de 13 à 19.

- De 1 à 12, les chiffres/nombres sont à apprendre par cœur :

0 **null**	3 **drei**	6 **sechs**	9 **neun**	12 **zwölf**
1 **eins**	4 **vier**	7 **sieben**	10 **zehn**	
2 **zwei**	5 **fünf**	8 **acht**	11 **elf**	

- De 13 à 19, il faut dire l'unité + 10. **Drei + zehn** ➜ 13 **dreizehn** ; **acht + zehn** ➜ 18 **achtzehn**. Attention, 16 perd son **-s** ➜ **sechs + zehn** ➜ **sechzen** ; 17 perd son **-en** ➜ **sieben + zehn** ➜ **siebzehn**.

| 13 **dreizehn** | 15 **fünfzehn** | 17 **siebzehn** | 19 **neunzehn** |
| 14 **vierzehn** | 16 **sechzehn** | 18 **achtzehn** | |

MODULE 1 : HALLO!

18 Étudie les chiffres/nombres puis passe à cet exercice, où tu dois indiquer les nombres en chiffres.

a. vier ....

b. sechs ....

c. acht ....

d. neun ....

e. elf ....

f. vierzehn ....

g. fünfzehn ....

h. siebzehn ....

i. drei ....

j. null ....

k. fünf ....

La tournure *Wie alt…?* Quel âge… ?

Pour demander l'âge, on utilise la tournure **wie alt**, *quel âge* + **sein**, *être*.

Exemples : **Wie alt bist du?** ➜ *Quel âge as-tu ?* (littéralement : « *Comment vieux/âgé es-tu ?* »). C'est la même tournure qu'en anglais (*How old are you?*).

On répond aussi par **sein** + l'âge. La mention **Jahre alt** à la suite est facultative.

Exemples : **Ich bin 13 (Jahre alt)** ➜ *J'ai 13 ans*, littéralement « *Je suis 13 (ans âgé)* ». Là aussi, c'est comme en anglais : *I'm 13 (years old).*

19 Complète les bulles selon le dessin. Les personnages s'interrogent sur leur âge.

a. .... ?

b. 11

c. .... ?

d. 12

MODULE 1 : HALLO!

 Forme des questions/réponses avec les mots donnés.
Exemple : *geht/wie/gut/es/danke/dir* ➔ *Wie geht es dir? — Gut, danke.*

a. heißt/du/ich/heiße/wie/Steffi

....

b. ich/kommst/du/komme/woher/Deutschland/aus

....

c. alt/bist/bin/wie/du/ich/zehn

....

d. du/Deutsch/spreche/ich/sprichst/ein bisschen/ja/Deutsch

....

WORTSCHATZ N° 1

Tu écriras les lettres avec **Umlaut Ä**, **Ö** et **Ü** et le eszett **ß** et non **AE**, **OE**, **UE** et **SS** comme c'est la règle dans les mots croisés. Note aussi que **der Wortschatz** signifie *le vocabulaire*, mot à mot *le trésor* (**der Schatz**) *du mot* (**das Wort**).

 **Mots croisés**

HORIZONTALEMENT

A5 (tu) es ; C4 (j')habite ; F3 s'appeler ; H2 onze ; H7 dix ; J2 (tu) viens ; L4 huit ; N6 (je) parle ; O4 que/quoi ; P7 nous ; Q1 ans ; R7 (vous) êtes ; T6 (je) suis

VERTICALEMENT

2Q vieux/âgé ; 3F salut (bonjour) ; 4C où ; 4O qui ; 6A je ; 6I salut (au revoir) ; 7C nom ; 8M treize ; 10E français ; 10R tu ; 12J sept

MODULE 1 : HALLO!

Bilan

😊 😐 ☹

Différentes façons de dire bonjour / au revoir

1. .... ☐ ☐ ☐

La tournure *Wie geht es?* Comment ça va ? + réponses

2. .... ☐ ☐ ☐
3. .... ☐ ☐ ☐

Le pronom interrogatif *wer*, qui et la tournure *das ist/sind*, c'est/ce sont

4. .... ☐ ☐ ☐

Les pronoms personnels sujets *ich/du/wir/ihr*, je/tu/nous/vous + le verbe *sein*, être au présent de l'indicatif

5. .... ☐ ☐ ☐
6. .... ☐ ☐ ☐

Les verbes *kommen*, venir et *heißen*, s'appeler au présent de l'indicatif des 1res et 2es personnes du singulier et pluriel

7. .... ☐ ☐ ☐
8. .... ☐ ☐ ☐

Les pronoms interrogatifs *wie*, comment, *woher*, d'où, *wo*, où

9. .... ☐ ☐ ☐

Les noms de villes et de pays

10. .... ☐ ☐ ☐
11. .... ☐ ☐ ☐
12. .... ☐ ☐ ☐

Les prépositions *aus*, de et *in*, à/en + les noms de villes et de pays des 1res et 2es personnes du singulier et pluriel

13. .... ☐ ☐ ☐
14. .... ☐ ☐ ☐

Les noms des langues

15. .... ☐ ☐ ☐

Le verbe *sprechen*, parler au présent de l'indicatif des 1res et 2es personnes du singulier et du pluriel

16. .... ☐ ☐ ☐
17. .... ☐ ☐ ☐

Les chiffres/nombres de 0 à 19

18. .... ☐ ☐ ☐

La tournure *Wie alt…?* Quel âge… ?

19. .... ☐ ☐ ☐
20. .... ☐ ☐ ☐

Wortschatz 1

21. .... ☐ ☐ ☐

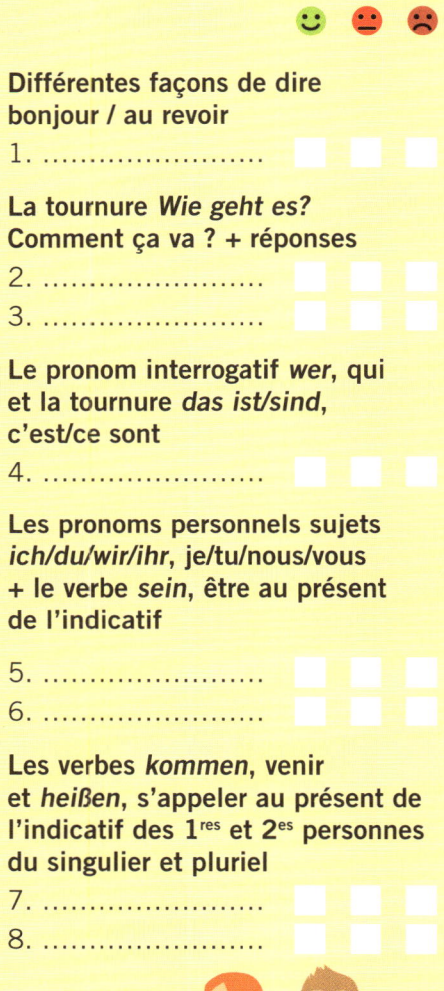

Eins, zwei, drei…

Objectifs

- **Apprendre à manier les nombres**
  Pour cela, nous allons voir :
  - les nombres cardinaux jusqu'aux milliers
  - les opérations arithmétiques
  - les prix

- **Demander l'heure et répondre**
  Pour cela, nous allons voir :
  - les tournures **Wie spät/Wie viel Uhr ist es?**
    → *Quelle heure est-il ?* **Es ist…** → *Il est…* + l'heure
  - la préposition **um**, *à*
  - des termes autour de l'heure

- **Indiquer la date**
  Pour cela, nous allons voir :
  - les jours de la semaine et la préposition **am**
  - les mois de l'année et la préposition **im**, *en*
  - les tournures pour demander et indiquer le jour et la date

Module 2

MODULE 2 : EINS, ZWEI, DREI…

Les nombres cardinaux jusqu'aux milliers

Dans la leçon précédente, tu as vu les nombres jusqu'à 19. Voyons maintenant la règle pour les nombres à partir de 20. Note bien que les nombres s'écrivent attachés jusqu'à 999 999 !

- Les dizaines : 20 **zwanzig**, 30 **dreißig**, 40 **vierzig**, 50 **fünfzig**, 60 **sechzig**, 70 **siebzig**, 80 **achtzig**, 90 **neunzig**
  De 21 à 99, on indique d'abord l'unité + **und** + la dizaine :
  21 **einundzwanzig**, 22 **zweiundzwanzig**, 23 **dreiundzwanzig**, 30 **dreißig**,
  31 **einunddreißig**, 40 **vierzig**, 45 **fünfundvierzig**, 77 **siebenundsiebzig**,
  99 **neunundneunzig**

- Les centaines : 100 **(ein)hundert**, 200 **zweihundert**, … 900 **neunhundert**
  De 101 à 999, l'ordre est : centaine + unité + (**und**) + dizaine.
  254 = **zweihundertvierundfünfzig**
  452 = **vierhundertzweiundfünfzig**

- Les milliers : 1 000 **(ein)tausend**, 2 000 **zweitausend**, … 8 000 **achttausend**

- De 1 001 à 9 999, l'ordre est : millier + centaine + unité + (**und**) + dizaine.
  8 402 = **achttausendvierhundertzwei**
  9 325 = **neuntausenddreihundertfünfundzwanzig**

1 Écris les nombres en chiffres.

a. vierundsiebzig → ....

b. siebenhundert → ....

c. dreitausend → ....

d. zweihundertvierundfünfzig → ....

e. hundertvier → ....

f. zweitausendvierundzwanzig → ....

g. dreihundertzweiundneunzig → ....

MODULE 2 : EINS, ZWEI, DREI…

 Indique les nombres en lettres à partir des éléments du tableau.
Les éléments peuvent être employés plusieurs fois.

| zwanzig | zwei | tausend | hundert | fünf | sechs | siebzig | drei | und |

a. 73 ....

b. 125 ....

c. 523 ....

d. 5 276 ....

e. 673 ....

f. 2 022 ....

Les opérations arithmétiques

Voici les signes principaux dont tu auras besoin.
- 20 + 5 = 25 ➜ **Zwanzig plus fünf gleich fünfundzwanzig.**
- 40 - 6 = 34 ➜ **Vierzig minus sechs gleich vierunddreißig.**
- 5 x 8 = 40 ➜ **Fünf mal acht gleich vierzig.**
- 60 : 2 = 30 ➜ **Sechzig durch zwei gleich dreißig.**

 Relie chaque signe à sa signification.

a. +   • 1. minus

b. -   • 2. gleich

c. =   • 3. plus

d. x   • 4. durch

e. :   • 5. mal

27

MODULE 2 : EINS, ZWEI, DREI…

4 Complète par les signes arithmétiques écrits en toutes lettres.

a. Dreizehn .... neunundzwanzig gleich zweiundvierzig.

b. Zwanzig plus zwanzig .... vierzig.

c. Fünzig .... zwei gleich fünfundzwanzig.

d. Neun .... zwanzig gleich hundertachtzig.

e. Vierundachtzig .... zehn gleich vierundsiebzig.

Les prix

Pour demander le prix, il existe deux tournures :

Wie viel kostet das? ou bien **Wie teuer ist das?**
→ *Combien ça coûte ?* (littéralement « *Comment beaucoup coûte ça ?* »/« *Comment cher est ça ?* »).

La réponse commence par **Das kostet…**
→ *Ça coûte…*
Exemples :
Das kostet 2 Euro → *Ça coûte 2 euros.*
Das kostet 2 Euro 10 → *Ça coûte 2 euros 10.*

5 Indique le prix des étiquettes en toutes lettres.

 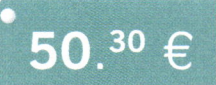 

a. Das kostet ....

b. Das kostet ....

c. Das kostet ....

MODULE 2 : EINS, ZWEI, DREI...

Les tournures *Wie spät / Wie viel Uhr ist es?* (Quelle heure est-il ?) + l'heure

Pour demander l'heure, il y a deux tournures possibles :

Wie spät ist es? ou bien **Wie viel Uhr ist es?** → *Quelle heure est-il ?* (littéralement « *Comment tard est-il ?* »/« *Comment beaucoup heure est-il ?* »)

On répond par : **Es ist...** → *Il est...* + l'heure.

Pour indiquer l'heure (des horaires non officiels), on emploie généralement les chiffres/nombres de 0 à 12 (matin et après-midi) en indiquant d'abord les minutes, puis l'heure.

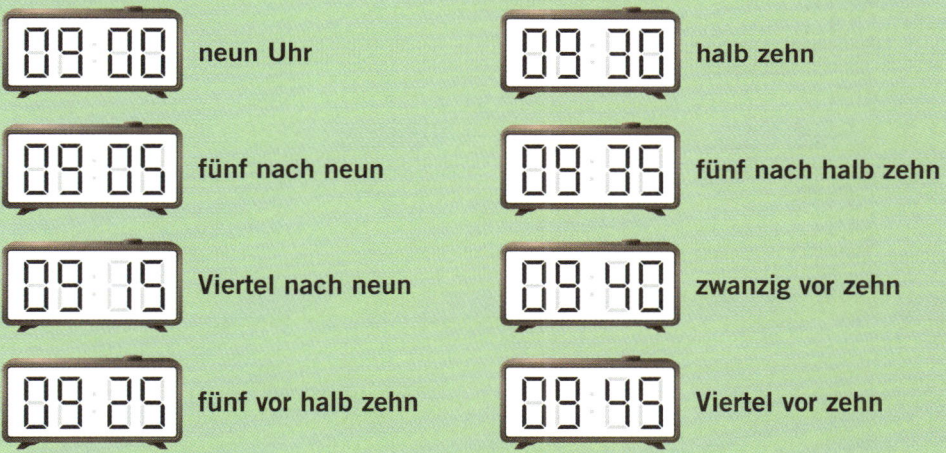

09:00 neun Uhr
09:05 fünf nach neun
09:15 Viertel nach neun
09:25 fünf vor halb zehn
09:30 halb zehn
09:35 fünf nach halb zehn
09:40 zwanzig vor zehn
09:45 Viertel vor zehn

Jusqu'à vingt, on emploie la préposition **nach**, *après*, et à partir de *moins vingt*, la préposition **vor**, *avant*.

Viertel nach et **Viertel vor** signifient *et quart* et *moins le quart*.

Fais bien attention au point suivant ! Halb correspond à *demie* **MAIS** contrairement au français, on compte à partir de l'heure à venir et non de l'heure entamée ! Exemple : 9 h 30 → **halb zehn** (littéralement « *demie dix* ») ou bien 9 h 25 / 9 h 35 → **fünf vor halb zehn** / **fünf nach halb zehn** (littéralement « *cinq avant demie dix* » / « *cinq après demie dix* »).

Dans le langage parlé, on indique les heures entières sans le terme **Uhr** : **Es ist zwei (Uhr)** → *Il est deux heures.* Attention : pour dire *Il est une heure*, on dit soit **Es ist ein Uhr**, soit **Es ist eins**.

MODULE 2 : EINS, ZWEI, DREI…

6 Indique l'heure en toutes lettres.

a. `11:00` Es ist ……………………………………………………………

b. `07:50` Es ist ……………………………………………………………

c. `05:10` Es ist ……………………………………………………………

d. `03:45` Es ist ……………………………………………………………

e. `05:15` Es ist ……………………………………………………………

f. `08:40` Es ist ……………………………………………………………

7 Voici l'occasion de pratiquer les tournures avec *halb*. Indique l'heure en toutes lettres.

a. `11:25` Es ist ……………………………………………………………

b. `07:35` Es ist ……………………………………………………………

c. `08:30` Es ist ……………………………………………………………

d. `02:30` Es ist ……………………………………………………………

e. `10:35` Es ist ……………………………………………………………

f. `05:25` Es ist ……………………………………………………………

MODULE 2 : EINS, ZWEI, DREI…

La préposition *um*, à

Pour demander *À quelle heure… ?*, on emploie la préposition **um** + la tournure **wie viel Uhr**. Exemple :
Um wie viel Uhr kommst du? ➜ *À quelle heure viens-tu ?*

Pour répondre, on emploie la préposition **um** + l'heure. Exemple :
Ich komme um 10 (zehn) ➜ *Je viens à 10 heures.*

8 Complète les bulles par les mots manquants.

a. .... wie .... Uhr kommt sie?

b. Sie kommt .... 10 Uhr?

c. Und wie .... ist ....?

d. Es .... 9.45.

Termes autour de l'heure

Mittag	*midi*
Mitternacht	*minuit*
früh	*tôt*
spät	*tard*

9 As-tu bien mémorisé le vocabulaire de la boîte à mots ? Teste tes connaissances en indiquant le mot juste. Chaque mot est employé une fois.

a. Es ist

b. Es ist

....

c. Es ist

d. Es ist

....

MODULE 2 : EINS, ZWEI, DREI…

Les jours de la semaine et la préposition *am*

Der Tag (e) signifie *le jour*, **die Woche** *la semaine*. Tous les jours de la semaine se terminent par **-tag** sauf *mercredi* qui se termine par **-woch** (contraction de **Woche**).

Montag, *lundi*
Dienstag, *mardi*
Mittwoch, *mercredi*
Donnerstag, *jeudi*

Freitag, *vendredi*
Samstag, *samedi*
Sonntag, *dimanche*

Ils se construisent avec la préposition **am** qui équivaut au *on* anglais. Exemple :
Ich komme am Montag ➜ *Je viens lundi* (en anglais *on Monday*).

10 **Complète les jours précédant et suivant les jours indiqués.**

a. .... Dienstag ....

b. .... Samstag ....

c. .... Donnerstag ....

d. .... Montag ....

11 **Traduis les phrases suivantes.**

a. Je viens dimanche.

....

b. Nous venons mercredi.

....

c. Tu viens mardi.

....

MODULE 2 : EINS, ZWEI, DREI…

Les mois de l'année et la préposition *im*, en

Les noms des mois sont très proches du français, comme nous verrons dans l'exercice suivant.

Ils se construisent avec la préposition **im** qui équivaut à *en* en français. Exemple : **Ich komme im Mai** → *Je viens en mai.*

12 Remets de l'ordre dans les noms des mois et indique-les dans la boîte à mots de janvier à décembre :

AUGUST   OKTOBER   JUNI   ~~JANUAR~~   NOVEMBER   APRIL

FEBRUAR   DEZEMBER   MÄRZ   ~~JULI~~   SEPTEMBER   ~~MAI~~

JANUAR	janvier	JULI	juillet
a. ……………	février	e. ……………	août
b. ……………	mars	f. ……………	septembre
c. ……………	avril	g. ……………	octobre
MAI	mai	h. ……………	novembre
d. ……………	juin	i. ……………	décembre

13 Traduis les phrases suivantes.

a. Nous venons en juillet.

……………………………………………………………

b. Vous venez en janvier.

……………………………………………………………

c. Tu viens en août.

……………………………………………………………

d. Je viens en juin.

……………………………………………………………

33

MODULE 2 : EINS, ZWEI, DREI…

Les tournures pour demander et indiquer le jour et la date

Pour demander le jour, on peut dire :
Welcher Tag ist heute? ➜ *Quel jour sommes-nous aujourd'hui ?* (mot à mot « *Quel jour est aujourd'hui ?* »)
On répond en indiquant le jour : **Montag**, *lundi* ; **Dienstag**, *mardi*, etc.

Pour demander la date, on peut dire :
Der Wievielte ist heute? ➜ *Quelle date sommes-nous aujourd'hui ?* (mot à mot « *Quelle date est aujourd'hui ?* »)
Pour répondre, on emploie l'article défini **der**, *le* + nombre ordinal + mois :
Der zweite Juni ➜ *Le 2 juin*, mot à mot « *Le 2ᵉ juin* ».

Les nombres ordinaux se forment comme suit :
- De **1** à **19**, on utilise les cardinaux + **te**. Exemples : *le 2 juin* ➜ **der zweite Juni** ; *le 4 mai* ➜ **der vierte Mai**. Irrégularités : *1ᵉʳ* ➜ **der erste**, *3ᵉ* ➜ **der dritte** et *7ᵉ* ➜ **der siebte**
- À partir de **20** : les cardinaux + **-ste**. Exemple : *le 20 janvier* ➜ **der zwanzigste Januar**, *le 30 mars* ➜ **der dreißigste März**

Note que les nombres ordinaux indiqués en chiffres prennent un point :
Der 20.01. ➜ *Le 20/01.*

14 Les personnages suivants s'interrogent sur le jour et la date. Indique les questions.

a. ....

Mittwoch.

b. ....

Der elfte März.

MODULE 2 : EINS, ZWEI, DREI...

15 Indique la date avec les nombres ordinaux en lettres.

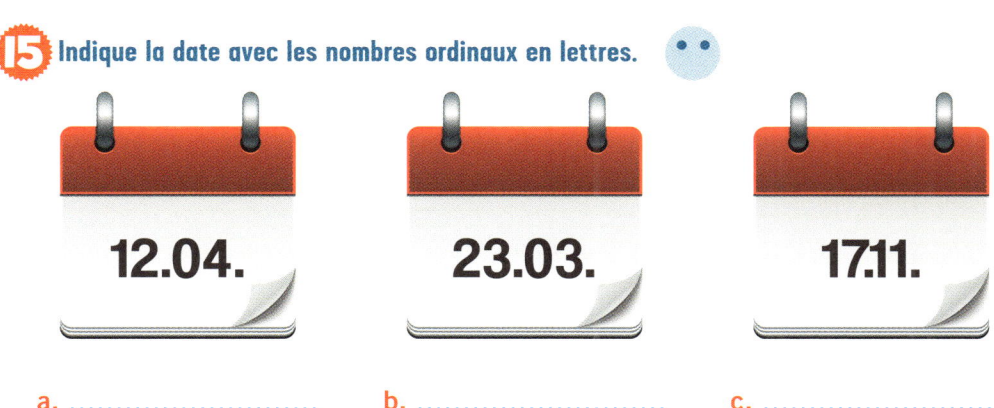

a. .... b. .... c. ....

....

d. .... e. ....

....

35

MODULE 2 : EINS, ZWEI, DREI...

WORTSCHATZ N° 2

 **Mots croisés**

HORIZONTALEMENT

A5 minuit ; C11 (la) date ; D4 midi ; F6 plus (+) ; H5 février ; L2 mercredi ; L11 égal ; M9 à (+ heure) ; O1 jour ; P4 tard ; R9 mille

VERTICALEMENT

2J samedi ; 5H vendredi ; 7K (ça) coûte ; 8C janvier ; 9H (3/4/5, etc.) heure(s) ; 9L cent ; 11C jeudi ; 14A aujourd'hui ; 14K moins ; 16I soixante

MODULE 2 : EINS, ZWEI, DREI…

17 Au cours de ce module, tu as appris à demander le prix, l'heure, la date, le jour et à répondre. Traduis les phrases en employant les mots de l'encadré. Certains mots s'emploient plusieurs fois.

drei	Uhr	vier	teuer	kostet	achtzig
spät	wie	der	welcher	dritte	welches
Viertel	vor	um	ist	heute	Juli
wie viel	Mittwoch	es	Euro	Tag	Datum

1. Quel jour sommes-nous aujourd'hui ?

....

— Mercredi. ....

2. Quelle heure est-il ? (deux versions)

.... /

....

— Il est 2 h 45. ....

3. Combien ça coûte ? (deux versions)

.... /

....

— Ça coûte quatre-vingts euros.

....

4. Quelle date sommes-nous aujourd'hui ?

....

— Le 3 juillet. ....

5. À quelle heure ? ....

— À 3 h 45. ....

37

MODULE 2 : EINS, ZWEI, DREI...

Bilan

🙂 😐 🙁

Les nombres cardinaux jusqu'aux milliers
1. .... ☐ ☐ ☐
2. .... ☐ ☐ ☐

Les opérations arithmétiques
3. .... ☐ ☐ ☐
4. .... ☐ ☐ ☐

Les prix
5. .... ☐ ☐ ☐

Les tournures *Wie spät / Wie viel Uhr ist es?* (Quelle heure est-il ?) + l'heure
6. .... ☐ ☐ ☐
7. .... ☐ ☐ ☐

La préposition *um*, à
8. .... ☐ ☐ ☐
9. .... ☐ ☐ ☐

Les jours de la semaine et la préposition *am*
10. .... ☐ ☐ ☐
11. .... ☐ ☐ ☐

Les mois de l'année et la préposition *im*, en
12. .... ☐ ☐ ☐
13. .... ☐ ☐ ☐

Les tournures pour demander et indiquer le jour et la date
14. .... ☐ ☐ ☐
15. .... ☐ ☐ ☐

Wortschatz 2
16. .... ☐ ☐ ☐
17. .... ☐ ☐ ☐

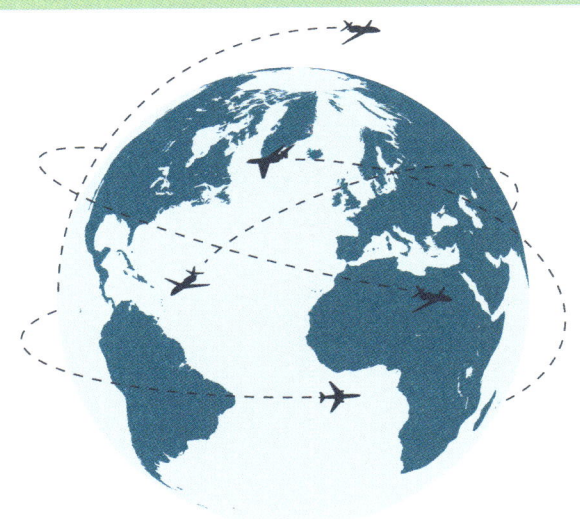

Schule und Freizeit

Objectifs

- **Décrire l'environnement scolaire**
  Pour cela, nous allons voir :
  - les articles définis et les pronoms personnels à la 3ᵉ personne du singulier du nominatif
  - les noms autour de l'école
  - le pluriel des articles définis et des pronoms personnels au nominatif
  - les articles indéfinis au nominatif singulier et pluriel
  - le pronom interrogatif **was**, *que/quoi*
  - le verbe **sein** *être* au présent de l'indicatif et la localisation dans l'espace

- **Décrire le déroulement d'une journée de classe**
  Pour cela, nous allons voir :
  - les présent de l'indicatif à la 3ᵉ personne du singulier et du pluriel
  - le déroulement d'une journée de classe
  - le présent de l'indicatif d'un verbe régulier terminé en **-chn**, **-d** et **-t** (**rechnen**, *compter/calculer*) et d'un verbe irrégulier en **e**, dit « fort » (**lesen**, *lire*)

- **Décrire l'emploi du temps**
  Pour cela, nous allons voir :
  - les noms des matières scolaires
  - le verbe **haben**, *avoir* au présent de l'indicatif

- **Parler de son temps libre**
  Pour cela, nous allons voir :
  - le verbe **spielen**, *jouer* et les activités
  - l'emploi de l'adverbe **gern**

Module 3

MODULE 3 : SCHULE UND FREIZEIT

Les déclinaisons et le nominatif

Avant tout, nous allons voir certains points fondamentaux de la grammaire allemande. Que signifie le terme **déclinaisons** ? Qu'est-ce que le **nominatif** ? Peut-être le sais-tu déjà, en allemand de nombreux mots (articles, pronoms, etc.) se déclinent, c'est-à-dire qu'ils changent selon leur fonction dans la phrase (sujet, complément d'objet, etc.). Il existe en tout quatre cas, et pour l'instant, nous allons aborder le **nominatif**. Il s'agit du premier cas de la déclinaison allemande. Il correspond au **sujet** ou à l'**attribut du sujet**.

Les articles définis et les pronoms personnels à la 3ᵉ pers. sing. du nominatif

L'allemand comporte trois genres : le masculin et le féminin, comme en français, plus le neutre. À chaque genre correspondent un article défini singulier et un pronom personnel singulier.

- **Masculin singulier :** **der** Lehrer ➜ *le professeur* = **er**, *il*.
- **Féminin singulier :** **die** Lehrerin ➜ *la professeure* = **sie**, *elle*.
- **Neutre singulier :** **das** Kind ➜ *l'enfant* = **es**, *il/elle*.

Il est important d'apprendre les noms par cœur avec leur article. Note toutefois cette règle simple : la plupart des noms se référant à des êtres masculins sont masculins, les noms se référant à des êtres féminins sont féminins et les petits des êtres vivants ainsi que les diminutifs terminés en **-chen** et **-lein** sont neutres.

MODULE 3 : SCHULE UND FREIZEIT

1 Voici la première boîte à mots sur l'école. Apprends ces mots par cœur et indique les articles *der*, *die*, *das* selon la règle des genres de la leçon.

a. .... **Schüler**, *l'élève* (garçon) d. .... **Mädchen**, *la fille*

b. .... **Schülerin**, *l'élève* (fille) e. .... **Freundin**, *l'amie*

c. .... **Junge**, *le garçon* f. .... **Freund**, *l'ami*

2 Mémorise ces nouveaux mots et indique le pronom personnel leur correspondant (*er*, *sie*, *es*).

a. **die Schule**, *l'école* ➜ ....

b. **die Klasse**, *la classe* ➜ ....

c. **die Pause**, *la récréation* ➜ ....

d. **das Fach**, *la matière* ➜ ....

e. **die Klassenarbeit**, *le devoir sur table* ➜ ....

f. **das Zeugnis**, *le bulletin de notes* ➜ ....

g. **die Note**, *la note* ➜ ....

h. **das Buch**, *le livre* ➜ ....

i. **das Heft**, *le cahier* ➜ ....

j. **der Kugelschreiber**, *le stylo à bille* ➜ ....

k. **der Stift**, *le crayon/stylo* ➜ ....

l. **die Tafel**, *le tableau* ➜ ....

m. **die Schultasche**, *le cartable/le sac scolaire* ➜ ....

MODULE 3 : SCHULE UND FREIZEIT

3 Teste tes connaissances de vocabulaire. Indique derrière chaque nom la lettre correspondant au dessin.

a.

b.

DER STIFT ....

DIE TAFEL ....

d.

DIE SCHULTASCHE ....

DIE SCHULE ....

DAS HEFT ....

DER SCHÜLER ....

f.

c.

e.

Le pluriel des articles définis et des pronoms personnels au nominatif

Au pluriel, il n'existe qu'un seul article défini, **die**, *les*, et qu'un seul pronom personnel, **sie**, *ils/elles*, employés pour les trois genres.

- **Masculin pluriel :** die **Lehrer**, *les professeurs* = **sie**
- **Féminin pluriel :** die **Lehrerinnen**, *les professeures* = **sie**
- **Neutre pluriel :** die **Kinder**, *les enfants* = **sie**

Pour les noms, il est préférable de les apprendre par cœur avec leur terminaison du pluriel. Parmi les terminaisons plurielles possibles, voici les principales : **pas de terminaison, -er, -(e)n, -e, -nen,** ¨ + éventuellement une des terminaisons indiquées.

die Tochter / die Töchter ➜ *la fille / les filles*
der Sohn / die Söhne ➜ *le fils / les fils*

MODULE 3 : SCHULE UND FREIZEIT

4 Voici des mots au pluriel que tu as vus au singulier dans ce chapitre. T'en souviens-tu ? Indique leur singulier et souligne leur marque du pluriel s'il y en a une.

a. die Bücher → ....
b. die Fächer → ....
c. die Tafeln → ....
d. die Kinder → ....
e. die Lehrer → ....
f. die Schülerinnen → ....
g. die Hefte → ....
h. die Schultaschen → ....
i. die Lehrerinnen → ....
j. die Zeugnisse → ....
k. die Klassenarbeiten → ....

Les articles indéfinis au nominatif singulier et pluriel

	masculin	féminin	neutre	pluriel
Article défini	der Lehrer	die Lehrerin	das Kind	die Lehrer
Article indéfini	ein Lehrer	eine Lehrerin	ein Kind	Lehrer

Tu as étudié les articles définis dans les leçons précédentes. Voyons maintenant les indéfinis. Tu noteras qu'ils n'ont pas de forme plurielle. Le nom s'emploie donc sans article. Exemples :

- **Singulier : Ich bin ein Kind** → *Je suis un enfant.*
- **Pluriel : Wir sind Ø Kinder** → *Nous sommes des enfants.*

5 Voici une liste de noms déjà étudiés et dont tu connais le genre. Indique l'article indéfini pour chacun d'entre eux.

a. .... Schüler
b. .... Schülerin
c. .... Junge
d. .... Mädchen
e. .... Freundin
f. .... Freund
g. .... Schule
h. .... Heft

MODULE 3 : SCHULE UND FREIZEIT

Le pronom interrogatif *was*, que/quoi

Was signifie *que/quoi* et pour demander *Qu'est-ce que c'est ?*, on dit : **Was ist das?** On répond par la tournure **Das ist…** / **Das sind…** déjà rencontrée dans le module 1.
- Singulier : **Das ist ein Stift** → *C'est un stylo.*
- Pluriel : **Das sind Stifte** → *Ce sont des stylos.*

6 Was ist das? Réponds par *Das ist ein/eine…* ou *Das sind…* + nom de l'objet/des objets.

a. …………………………………… b. ……………………………………

c. …………………………………… d. ……………………………………

Le verbe être au présent de l'indicatif et la localisation dans l'espace

Voici la conjugaison complète du verbe **sein**, *être* avec les 3ᵉˢ personnes du singulier et du pluriel. Mémorise-le bien :

ich	du	er/sie/es	wir	ihr	sie
bin	bist	ist	sind	seid	sind

Pour se situer dans l'espace, on emploie souvent la préposition **in**, *dans* ou **im**, qui est la contraction de **in** + **dem**, *le* au datif (nous y reviendrons). Il existe toutefois des exceptions avec **auf** qui signifie *sur*, mais qui se traduit quelquefois par *dans*. Voici plusieurs exemples :
im Klassenraum, *dans la salle de classe*
im Computerraum, *dans la salle d'informatique*
in der Turnhalle, *dans la salle de sport*
in der Aula, *dans l'aula, le préau* (grande salle utilisée pour les fêtes, spectacles, etc.)
auf dem Pausenhof, *dans la cour de récréation*

MODULE 3 : SCHULE UND FREIZEIT

7 Complète les phrases par les prépositions et noms des lieux appris dans la leçon..

a.

b.

c.

Die Kinder sind .... Die Schülerin ist .... Die Schüler sind ....

....

d.

e.

Der Schüler ist .... Die Schüler sind ....

....

Les verbes *gehen*, aller et *essen*, manger à la 3ᵉ personne du singulier et du pluriel du présent de l'indicatif

	ich	du	er/sie/es	wir	ihr	sie
gehen	gehe	gehst	geht	gehen	geht	gehen
essen	esse	isst	isst	essen	esst	essen

Voici un tableau avec un récapitulatif de la conjugaison du présent de l'indicatif. La nouveauté est la 3ᵉ personne. Au singulier, les verbes prennent généralement un **-t** et au pluriel un **-en**. Note également les points suivants :

- **Gehen** est un verbe régulier, comme **kommen** étudié dans le module 1.
- **Essen** est un verbe irrégulier en **e** comme **sprechen**, *parler* étudié dans le module 1. Nous avions vu que le **e** du radical devient **i** à la 2ᵉ personne du singulier ; cette irrégularité vaut aussi pour la 3ᵉ personne du singulier. Par ailleurs, comme tous les verbes terminés en **-ß**, **-(s)s** ou **-(t)z**, **essen** prend juste un **-t** à la 2ᵉ personne du singulier.

MODULE 3 : SCHULE UND FREIZEIT

Dans la boîte à mots ci-dessous, tu trouveras plusieurs exemples décrivant le déroulement d'une journée de classe. Mémorise-les. Excepté **essen**, les verbes sont tous réguliers.

Le déroulement d'une journée de classe

in die Schule gehen	*aller à l'école*
nach Hause gehen	*aller à la maison*
ins Bett gehen	*aller au lit*
um 13 Uhr essen	*manger à 13 heures*
frühstücken	*prendre le petit déjeuner*
lernen	*apprendre*
ein Diktat schreiben	*écrire une dictée*

8 Que font les enfants ? Complète le verbe selon le dessin.

a. Lea ....

b. Tobias und Anna .... in die Schule.

c. Die Schüler .... ein Diktat.

d. Anna .... nach Hause.

MODULE 3 : SCHULE UND FREIZEIT

e. Tobias .... um 13 Uhr.

f. Die Kinder .... ins Bett.

Les verbes *rechnen*, compter/calculer et *lesen*, lire au présent de l'indicatif

	ich	du	er/sie/es	wir	ihr	sie
rechnen	rechne	rechnest	rechnet	rechnen	rechnet	rechnen
lesen	lese	liest	liest	lesen	lest	lesen

Rechnen est un verbe régulier mais il prend un **e** phonétique aux 2es et 3es personnes du singulier car son radical se termine en plusieurs consonnes (**-chn**). Ceci vaut aussi pour les verbes dont le radical est terminé en **-d** ou **-t**.

Lesen est une autre catégorie de verbe irrégulier en **e**. Aux 2es et 3es personnes du singulier, le **e** du radical devient **ie**. Par ailleurs, il prend juste un **-t** à la 2e personne du singulier car son radical se termine en **-s**.

Les exemples qui suivent décrivent différentes activités scolaires et, comme indiqué, les verbes employés se conjuguent soit comme **lesen**, soit comme **rechnen**.

ein Buch lesen ➜ *lire un livre*

einen Film sehen ➜ *voir un film* (même irrégularité que **lesen**)

zeichnen ➜ *dessiner* (même particularité que **rechnen**)

in der Bibliothek arbeiten ➜ *travailler à la bibliothèque* (même particularité que **rechnen**)

MODULE 3 : SCHULE UND FREIZEIT

9 **Mets les phrases au pluriel. Exemple :** *Du rechnest* → *Ihr rechnet.*

a. Ich arbeite in der Bibliothek. → ....

b. Er zeichnet. → ....

c. Du siehst einen Film. → ....

d. Sie liest. → ....

e. Du liest ein Buch. → ....

f. Ich zeichne. → ....

10 **Complète les phrases par** *lesen, rechnen, sehen, zeichnen.*

a. Der Schüler ....

b. Die Schülerin .... ein Buch.

c. Der Schüler ....

d. Der Schüler .... einen Film.

MODULE 3 : SCHULE UND FREIZEIT

Les noms des matières scolaires

Les noms de matières scolaires sont assez proches du français : par exemple, **Physik**, **Mathematik** et **Sport** seront très faciles à deviner. D'autres sont plus difficiles, mais tu vas les apprendre dans le prochain exercice.

11 Indique la traduction en français ; les mots difficiles sont déjà traduits. Comme en français, on emploie des abréviations pour certaines matières. Tu les trouveras dans l'exercice qui suit.

- **a.** Deutsch ....
- Geschichte *histoire*
- **b.** Englisch ....
- Erdkunde *géographie*
- **c.** Französisch ....
- **d.** Sport ....
- **e.** Mathematik ....
- Kunst *dessin*
- **f.** Biologie ....
- **g.** Musik ....
- **h.** Physik ....
- **i.** Chemie ....

12 De quelles matières peut-il s'agir ? Réécris les noms en entier.

- **a.** Bio ....
- **b.** Mathe ....
- **c.** Franz ....
- **d.** Geschi ....

MODULE 3 : SCHULE UND FREIZEIT

Le verbe *haben*, avoir au présent de l'indicatif

	ich	du	er/sie/es	wir	ihr	sie
hab**en**	hab**e**	ha**st**	ha**t**	hab**en**	hab**t**	hab**en**

Haben est irrégulier aux 2es et 3es personnes du singulier ; pour le reste des personnes, il est régulier. Voici plusieurs exemples au sujet de l'emploi du temps.
Was hast du am Montag? → *Qu'est-ce que tu as (comme cours) le lundi ?*
Ich habe Deutsch und Sport → *J'ai allemand et sport.*

13 Traduis les bulles suivantes en employant les abréviations.

a. Qu'est-ce que tu as le jeudi ?

b. J'ai anglais, musique et histoire.

c. Qu'est-ce que vous avez le mardi ?

d. Nous avons dessin, français et biologie.

e. Qu'est-ce que tu as le lundi ?

f. J'ai sport, maths, musique et français.

MODULE 3 : SCHULE UND FREIZEIT

Le verbe *spielen*, jouer et les activités

Spielen est un verbe régulier : **ich spiele, du spielst, er/sie/es spielt…**

Comme en français, on l'emploie pour dire *jouer d'un instrument* ou *jouer à un sport* ou *un jeu*. Note bien que le nom de l'instrument, du sport ou du jeu s'emploie sans article en allemand.
Ich spiele Basketball ➜ *Je joue au basket.*
Die Kinder spielen Trompete ➜ *Les enfants jouent de la trompette.*
Sie spielen Fangen ➜ *Ils jouent à chat* (ou *au loup*).

Note aussi que **die Freizeit** signifie *le temps libre / les loisirs*.
Voici d'autres activités à exercer durant son temps libre :
der Fußball ➜ *le foot*   **die Geige (n)** ➜ *le violon*
das Tennis ➜ *le tennis*   **das Klavier (e)** ➜ *le piano*

14 À quoi jouent les enfants ?

a.   Luka spielt ....

b.   Anna und Stefanie spielen ....

c.   Die Kinder spielen ....

d.   Ich spiele ....

L'adverbe *gern*

Pour dire que l'on aime bien faire quelque chose, on emploie en allemand l'adverbe **gern**. Pour dire *J'aime bien jouer au foot*, on emploie le verbe **spielen**, *jouer* conjugué à la 1re personne du singulier du présent + **gern** : **Ich spiele gern Fußball**. Pour dire *Nous aimons bien jouer au foot*, on emploie la même construction, mais avec la 1re personne du pluriel : **Wir spielen gern Fußball**.

Autres exemples :
Er spielt gern Klavier ➜ *Il aime jouer du piano.*
Sie liest gern ➜ *Elle aime lire.*

MODULE 3 : SCHULE UND FREIZEIT

15. À quoi les enfants aiment-ils jouer ?
Fais des phrases avec *gern* + les activités exercées.

a. Sie (plur.) ....

b. Sie ....

c. Er (sing.) ....

d. Sie (plur.) ....

WORTSCHATZ N° 3

16. Trouve l'intrus.

a. **ENGLISCH / ERDKUNDE / GESCHICHTE / SCHULE**

b. Pausenhof / Klassenraum / Schüler / Turnhalle

c. **gern / schreiben / arbeiten / lesen**

d. **Fußball / Klavier / Basketball / Tennis**

e. Trompete / Klavier / Geige / Lehrer

 **Mots croisés**

HORIZONTALEMENT

A1 prendre le petit déjeuner ; D1 cahiers ; E5 professeures ; K6 école ; M3 (jouer) au chat ; M10 compter ; O3 manger ; Q2 devoir sur table

VERTICALEMENT

2C lire ; 3J stylos/crayons ; 5A jouer ; 7C sac scolaire ; 10G élève (fille) ; 12L élève (garçon) ; 14D bulletin de notes ; 16H dessiner

MODULE 3 : SCHULE UND FREIZEIT

Bilan

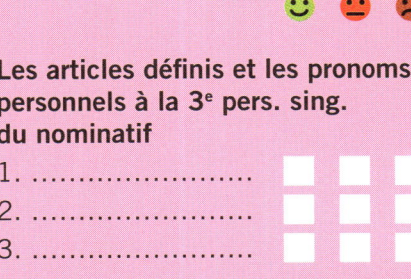

Les articles définis et les pronoms personnels à la 3e pers. sing. du nominatif
1. .... ☐ ☐ ☐
2. .... ☐ ☐ ☐
3. .... ☐ ☐ ☐

Le pluriel des articles définis et des pronoms personnels au nominatif
4. .... ☐ ☐ ☐

Les articles indéfinis au nominatif singulier et pluriel
5. .... ☐ ☐ ☐

Le pronom interrogatif *was*, que/quoi
6. .... ☐ ☐ ☐

Le verbe être aux 3es personnes du singulier et du pluriel et la localisation dans l'espace
7. .... ☐ ☐ ☐

Le présent de l'indicatif à la 3e personne du singulier et du pluriel
8. .... ☐ ☐ ☐

Les verbes *lesen*, lire et *rechnen*, compter/calculer au présent de l'indicatif
9. .... ☐ ☐ ☐
10. .... ☐ ☐ ☐

Les noms des matières scolaires
11. .... ☐ ☐ ☐
12. .... ☐ ☐ ☐

Le verbe *haben*, avoir au présent de l'indicatif
13. .... ☐ ☐ ☐

Le verbe *spielen*, jouer et les activités
14. .... ☐ ☐ ☐

L'adverbe *gern*
15. .... ☐ ☐ ☐

Wortschatz 3
16. .... ☐ ☐ ☐
17. .... ☐ ☐ ☐

54

Die 4 Jahreszeiten

Objectifs

- **Parler de la météo**
  Pour cela, nous allons voir :
  - les noms des saisons
  - les tournures impersonnelles autour du temps
  - les noms composés

- **Parler de la tenue vestimentaire**
  Pour cela, nous allons voir :
  - les noms des vêtements
  - les articles définis et indéfinis à l'accusatif
  - le présent de l'indicatif d'un verbe irrégulier en **a**, dit « fort » (**tragen**, *porter*) et d'un verbe à particule (ou préverbe) séparable (**an/ziehen**, *s'habiller*)
  - les couleurs

- **Parler des fêtes et des coutumes de l'année**
  Pour cela, nous allons voir :
  - le verbe **feiern**, *fêter* au présent de l'indicatif et les fêtes et coutumes
  - le présent de l'indicatif du verbe **werden**
  - la chanson d'anniversaire en allemand

Module 4

MODULE 4 : DIE 4 JAHRESZEITEN

Le nom des saisons

Commençons par du vocabulaire. **Die Jahreszeit**, pluriel **die Jahreszeiten**, signifie *la/les saison(s)* et les noms des quatre saisons sont :

der Frühling ➜ *le printemps* **der Herbst** ➜ *l'automne*
der Sommer ➜ *l'été* **der Winter** ➜ *l'hiver*

Pour dire *Nous sommes en* + nom de la saison, on emploie la tournure **Wir haben…** (mot à mot « *Nous avons…* »). Exemple : **Wir haben Sommer** ➜ *Nous sommes en été.*

Note aussi que **Wann beginnt…?** signifie *Quand commence… ?*

1 Teste ton vocabulaire et indique les saisons correspondant aux dessins.

a. ……………… b. ……………… c. ……………… d. ………………

2 Les dates ci-dessous indiquent le début des saisons (elles peuvent varier selon les années). Complète les questions *Wann beginnt…?* avec la saison correspondant à la réponse.

a. ………………………………………………? – Am 22./23. September.

b. ………………………………………………? – Am 20./21. März.

c. ………………………………………………? – Am 21./22. Dezember.

d. ………………………………………………? – Am 20. Juni.

MODULE 4 : DIE 4 JAHRESZEITEN

Les tournures impersonnelles autour du temps

Es peut aussi être employé comme pronom impersonnel et se traduit par *il* ou *ce* en français. Dans le cas des tournures impersonnelles autour de la météo, il se traduit souvent par *il*. Exemples :
Es regnet ➜ *Il pleut.*   **Es schneit** ➜ *Il neige.*

La tournure **Es ist...** (mot à mot « *Il est... / C'est...* ») se traduit souvent par *Il fait...* Exemples :
Es ist schön ➜ *Il fait beau.*   **Es ist bewölkt** ➜ *Il fait nuageux.*
Es ist kalt ➜ *Il fait froid.*   **Es ist windig** ➜ *Il fait du vent* (mot à mot *venteux*).
Es ist warm ➜ *Il fait chaud.*   **Es ist sonnig** ➜ *Il fait soleil* (mot à mot *ensoleillé*).

Retiens aussi le vocabulaire suivant :
das Wetter ➜ *le temps*
Wie ist das Wetter? ➜ *Quel temps fait-il ?* (mot à mot « *Comment est le temps ?* »)
die Sonne ➜ *le soleil*
Die Sonne scheint ➜ *Le soleil brille.*
aber ➜ *mais*

3 Teste tes connaissances. Relie chaque exemple avec sa traduction.

a. Es ist schön.   1. Il fait froid.
b. Es ist bewölkt.   2. Le soleil brille.
c. Es ist warm.   3. Il fait nuageux.
d. Es ist windig.   4. Il fait du vent.
e. Es regnet.   5. Il fait soleil.
f. Es ist sonnig.   6. Il fait beau.
g. Es ist kalt.   7. Il fait chaud.
h. Die Sonne scheint.   8. Il pleut.

MODULE 4 : DIE 4 JAHRESZEITEN

4 Complète les bulles avec le vocabulaire de la leçon.

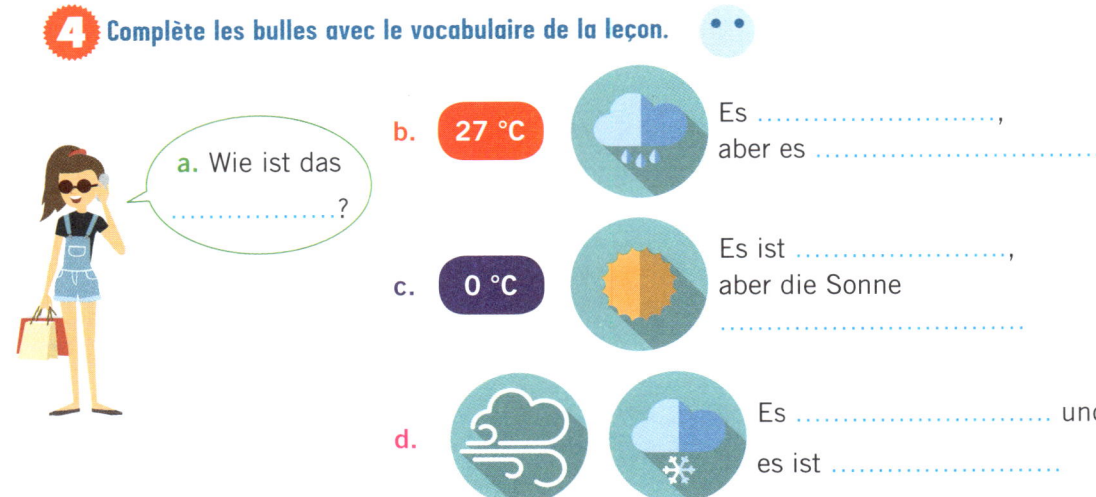

a. Wie ist das ....?

b. 27 °C — Es ...., aber es ....

c. 0 °C — Es ist ...., aber die Sonne ....

d. Es .... und es ist ....

Les noms composés

Beaucoup de noms allemands se composent de plusieurs mots (1 adjectif + 1 nom, 1 nom + 1 nom, etc.) et c'est pourquoi ils sont longs, parfois très longs. Le dernier terme est toujours un nom et détermine le genre. Exemple : **die Jahreszeit**, *la saison* est composé du nom **das Jahr**, *l'année* + **es** + **die Zeit***, *le temps / l'époque*. Dans certains cas, dont **Jahreszeit**, on ajoute des lettres de liaison comme **-(e)s**. Voici quelques exemples de noms composés :
die Sommerferien, *les vacances d'été* ➜ **der Sommer**, *l'été* + **die Ferien**, *les vacances*
die Sommerzeit, *l'heure d'été* ➜ **der Sommer**, *l'été* + **die Zeit***, *l'heure*
* **die Zeit** a plusieurs significations : *le temps, l'heure* et *l'époque*

Voici une petite liste de noms qui peuvent se composer avec les noms des saisons : apprends-les, car tu vas t'en servir dans l'exercice ci-contre.
der Sport, *le sport*   **die Rolle (n)**, *le rouleau*
das Fest (e), *la fête*   **die Farbe (n)**, *la couleur*

MODULE 4 : DIE 4 JAHRESZEITEN

5 Retrouve, dans cette suite de lettres, les mots composés allemands et indique-les avec leur article défini derrière leur traduction française.

FRÜHLINGSROLLESOMMERFESTWINTERFERIENHERBSTFARBENWINTERSPORT

a. la fête d'été ....

b. les sports d'hiver ....

c. les vacances d'hiver ....

d. les couleurs d'automne ....

e. le rouleau de printemps ....

Les noms des vêtements

Tu vas tout d'abord travailler le vocabulaire. Commençons par un homonyme : **die Kleider** signifie *les vêtements* et **das Kleid**, plur. **die Kleider**, *la/les robe(s)*. Comme toujours, mémorise bien chaque mot avec son article. C'est essentiel pour mieux aborder les déclinaisons.

Les vêtements

die Kleider	les vêtements
das Kleid (er)	la robe
der Rock (¨e)	la jupe
die Hose (n)	le pantalon
der Mantel (¨)	le manteau
die Jacke (n)	la veste
der Pulli (s)	le pull
das Hemd (en)	la chemise
die Bluse (n)	le chemisier

der Strumpf/die Strümpfe	la/les chaussette(s)
der Schuh/die Schuhe	la/les chaussure(s)
die Badehose (n)	le maillot de bain (pour homme)
der Gummistiefel/die Gummistiefel	la/les botte(s) en caoutchouc

Note aussi quelques mots qui restent inchangés par rapport au français (sauf le genre) : **der Bikini (s), das T-Shirt (s), das Sweatshirt (s), die Jeans (-)**

MODULE 4 : DIE 4 JAHRESZEITEN

6 *Der*, *die* ou *das* ? À toi de jouer !

a. .... Schuh   g. .... T-Shirt

b. .... Rock   h. .... Jeans

c. .... Bluse   i. .... Bikini

d. .... Pulli   j. .... Kleid

e. .... Mantel   k. .... Jacke

f. .... Hemd

7 Complète les lettres manquantes des noms composés suivants.

a. SOMMER _ _ _ ID ➜ *robe d'été*

b. WINTERSC _ _ H _ ➜ *chaussures d'hiver*

c. FRÜHLINGSJ _ _ KE ➜ *veste de printemps*

d. WINTERST _ _ M _ F _ ➜ *chaussettes d'hiver*

e. SOMMER _ _ _ E ➜ *pantalon d'été*

f. W _ N _ _ _ _ A _ KE ➜ *veste d'hiver*

L'accusatif

Tu vas maintenant apprendre à employer l'**accusatif**. Il s'agit du 2ᵉ cas de la déclinaison allemande. Il sert à exprimer le complément d'objet direct et il est introduit par des verbes comme **haben**, *avoir*, **suchen**, *chercher*, **kaufen**, *acheter*, **anziehen**, *mettre* (un vêtement), etc. En règle générale, tu pourras te référer au français car les verbes régissant un complément d'objet direct en français régissent un accusatif en allemand. Mais attention aux exceptions, comme **brauchen** + accusatif qui se traduit par *avoir besoin de* + COI.

MODULE 4 : DIE 4 JAHRESZEITEN

Les articles définis et indéfinis à l'accusatif

Observe bien le tableau et les exemples avec ces groupes nominaux déclinés à l'accusatif. Tu remarqueras que seul le masculin comporte une déclinaison différente par rapport au nominatif ; au féminin, neutre et pluriel, les articles restent les mêmes.

	masculin	féminin	neutre	pluriel
articles définis	**den** Mantel	**die** Jacke	**das** Hemd	**die** Gummistiefel
articles indéfinis	**einen** Mantel	**eine** Jacke	**ein** Hemd	Gummistiefel

Ich habe einen Mantel → *J'ai un manteau.*
Ich suche eine Jacke → *Je cherche une veste.*
Wir kaufen das Hemd → *Nous achetons la chemise.*
Sie sucht Gummistiefel → *Elle cherche des bottes en caoutchouc.*

8 Complète les phrases suivantes avec l'article indéfini + le complément à l'accusatif.

a. Paula kauft ....

b. Paula kauft ....

c.  Paula kauft ....

d.  Paula kauft ....

e. Paula kauft ....

f. Paula kauft ....

MODULE 4 : DIE 4 JAHRESZEITEN

 Souligne le(s) complément(s) à l'accusatif.

a. Ich brauche eine Hose.

b. Die Kinder suchen die Gummistiefel.

c. Anna braucht einen Mantel und eine Hose.

d. Der Junge sucht Schuhe.

e. Ich kaufe den Pulli.

f. Er kauft ein Hemd.

Les verbes *tragen*, porter et *anziehen*, mettre (un vêtement) au présent de l'indicatif

	ich	du	er/sie/es	wir	ihr	sie
tragen	trage	trägst	trägt	tragen	tragt	tragen
anziehen	ziehe … an	ziehst … an	zieht … an	ziehen … an	zieht … an	ziehen … an

Tragen est un verbe irrégulier en **a**. Le **a** devient **ä** aux 2es et 3es personnes du singulier. Ce changement concerne plusieurs verbes en **a**.

Plusieurs verbes allemands sont composés d'une particule (ou préverbe) séparable comme la particule (ou le préverbe) **an** du verbe **anziehen**. Au présent de l'indicatif et à tout autre temps simple, ces particules se détachent du verbe et sont rejetées en fin de phrase.
Exemples :
Sie trägt ein Kleid ➜ *Elle porte une robe.*
Sabine zieht ein Kleid an ➜ *Sabine met une robe.*
Die Kinder ziehen Gummistiefel an ➜ *Les enfants mettent des bottes en caoutchouc.*

10 Traduis les phrases suivantes.

a. Elle met une jupe et un tee-shirt.

....

b. Les enfants mettent un pull et un manteau.

....

c. Le garçon porte un pantalon et un sweat-shirt.

....

d. Que portes-tu ?

....

e. Michaël porte un jeans, un pull et une veste.

....

MODULE 4 : DIE 4 JAHRESZEITEN

Les couleurs

Die Farbe, pluriel **die Farben**, signifie *la couleur*. Pour demander *De quelle couleur est… ?*, on dit **Welche Farbe hat…?** (mot à mot « *Quelle couleur a… ?* »)

Les couleurs

braun		orange	
blau		rosa	
gelb		rot	
grau		schwarz	
grün		weiß	
lila			

Complète les questions avec l'article défini + le nom du vêtement (au nominatif) et indique la couleur en réponse.

a. Welche Farbe hat ....?
   ....

b. Welche Farbe hat ....?
   ....

c. Welche Farbe hat ....?
   ....

d. Welche Farbe haben ....?
   ....

e. Welche Farbe haben ....?
   ....

MODULE 4 : DIE 4 JAHRESZEITEN

Le verbe *feiern*, fêter au présent de l'indicatif et les fêtes et coutumes

Le verbe **feiern**, *fêter/célébrer* présente une particularité phonétique.
Il se termine par **-n** et non **-en** aux 1ᵉ et 3ᵉ personnes du pluriel :
ich feiere, du feierst, er/sie/es feiert, wir feiern, ihr feiert, sie feiern.
Wir feiern Weihnachten ➜ *Nous fêtons Noël.*
Sie feiern den 1. (ersten) Advent ➜ *Ils célèbrent le 1ᵉʳ dimanche de l'Avent.*

Parmi les fêtes et les coutumes germaniques, Noël reste la célébration la plus importante et la plus longue. Elle s'ouvre avec la période de l'Avent, les quatre derniers dimanches avant Noël, que l'on célèbre avec des pâtisseries spéciales et surtout avec les marchés de Noël, qui s'implantent pendant quatre semaines partout dans les pays germaniques.
der erste Advent ➜ *le 1ᵉʳ (dimanche) de l'Avent*
der zweite Advent ➜ *le 2ᵉ (dimanche) de l'Avent*
der dritte Advent ➜ *le 3ᵉ (dimanche) de l'Avent*
der vierte Advent ➜ *le 4ᵉ (dimanche) de l'Avent*
Weihnachten ➜ *Noël*
das Fest (e) ➜ *la fête*

Parmi les autres fêtes importantes, on compte :
Silvester ➜ *la Saint-Sylvestre*
Ostern ➜ *Pâques*
der Geburtstag (e) ➜ *l'anniversaire*
meinen Geburtstag ➜ *mon anniversaire* (accusatif)

12 Complète les phrases avec le verbe *feiern* et la fête/coutume célébrée.

a. Sie (plur.) ....

b. Ich ....

c. Ihr ....

d. Wir ....

MODULE 4 : DIE 4 JAHRESZEITEN

Le verbe *werden* au présent de l'indicatif

	ich	du	er/sie/es	wir	ihr	sie
werden	werde	wirst	wird	werden	werdet	werden

Le verbe **werden** signifie *devenir* au sens large du terme. Il se traduit quelquefois par *devenir*, d'autres fois par un futur proche, comme quand on veut indiquer quel âge on va avoir. Sa conjugaison est irrégulière aux 2es et 3es personnes du singulier. Exemples : **Wie alt wirst du?** ➔ *Quel âge vas-tu avoir ?* **Ich werde 11 (elf)** ➔ *Je vais avoir 11 ans.*

13 Traduis les phrases suivantes.

a. Quel âge va-t-elle avoir ?

....

b. Elle va avoir 13 ans.

....

c. Quel âge allez-vous avoir ? (*vous* du tutoiement pluriel)

....

d. Nous allons avoir 12 ans.

....

e. Quel âge vas-tu avoir ?

....

f. Je vais avoir 14 ans.

....

MODULE 4 : DIE 4 JAHRESZEITEN

Chanson d'anniversaire

Voici le texte de la chanson d'anniversaire en allemand avec sa traduction mot à mot. Apprends-la par cœur.

Zum Geburtstag viel Glück,
zum Geburtstag viel Glück,
zum Geburtstag liebe .../lieber ...,
zum Geburtstag viel Glück.

À l'occasion de ton anniversaire, beaucoup de chance ! (2 fois) *À l'occasion de ton anniversaire cher/chère* (+ prénom), *à l'occasion de ton anniversaire, beaucoup de chance !*

Lieber signifie *cher* et il est suivi d'un nom de garçon et **liebe**, *chère* est suivi d'un nom de fille. Exemples : **lieber Michael / liebe Lena** ➔ *cher Michaël / chère Lena*

14 C'est l'anniversaire de ton copain Félix. Complète la chanson.

Zum .... viel ....!

   Zum Geburtstag ....,

   zum Geburtstag ....!

....!

MODULE 4 : DIE 4 JAHRESZEITEN

WORTSCHATZ N° 4

15 Trouve l'intrus et entoure-le.

a. Mantel/Rock/Sommer/Bluse

b. gelb/warm/sonnig/kalt

c. grün/rot/schneit/schwarz

d. Frühling/Kleid/Herbst/Winter

e. anziehen/tragen/einen/kaufen

f. Ostern/Geburtstag/Wetter/Weihnachten

g. einen/der/aber/eine

16 Et, pour terminer cette partie vocabulaire, tu vas réviser le genre des noms. Il est vraiment très important de bien mémoriser chaque nom avec son genre. Classe les noms suivants selon leur genre.

Frühling   Rock   Mantel   Herbst   Geburtstag   Farbe
Wetter   Sommer   Sonne   Hemd   Pulli   Advent   Hose
Kleid   Sport   Strumpf   Jahr   Bluse   Frühlingsrolle   Schuh

der	die	das

MODULE 4 : DIE 4 JAHRESZEITEN

17 Mots croisés

Note les abréviations suivantes qui vaudront pour les mots croisés de ce module ainsi que des suivants : nom. = nominatif ; acc. = accusatif ; dat. = datif ; art. déf./ind. = article défini/indéfini ; dét. pos. = déterminant possessif ; pron. pers. = pronom personnel ainsi que masc., fém., neut. et plur. pour les genres et le nombre.

HORIZONTALEMENT

A4 couleur ; D2 rouge ; D6 bottes en caoutchouc ; F6 violet/mauve ; H8 (il) cherche ; H16 chemise ; J3 anniversaire ; L1 Pâques ; M12 Avent ; N7 temps (météo) ; O7 à/en (locatif + nom géographique) ; P2 hiver ; P16 jaune ; R16 (j') achète

VERTICALEMENT

1K jupe ; 2C vert ; 3O une (art. ind. nom./acc. fém.) ; 4A fête ; 4I fêter/célébrer ; 7A marron (couleur) ; 7N (il) devient ; 8J porter ; 10B Noël ; 12A manteau ; 12L chaud ; 14C (il) pleut ; 16K ensoleillé ; 17C vêtements ; 18O bleu ; 19H le (art. déf. acc. masc.)

MODULE 4 : DIE 4 JAHRESZEITEN

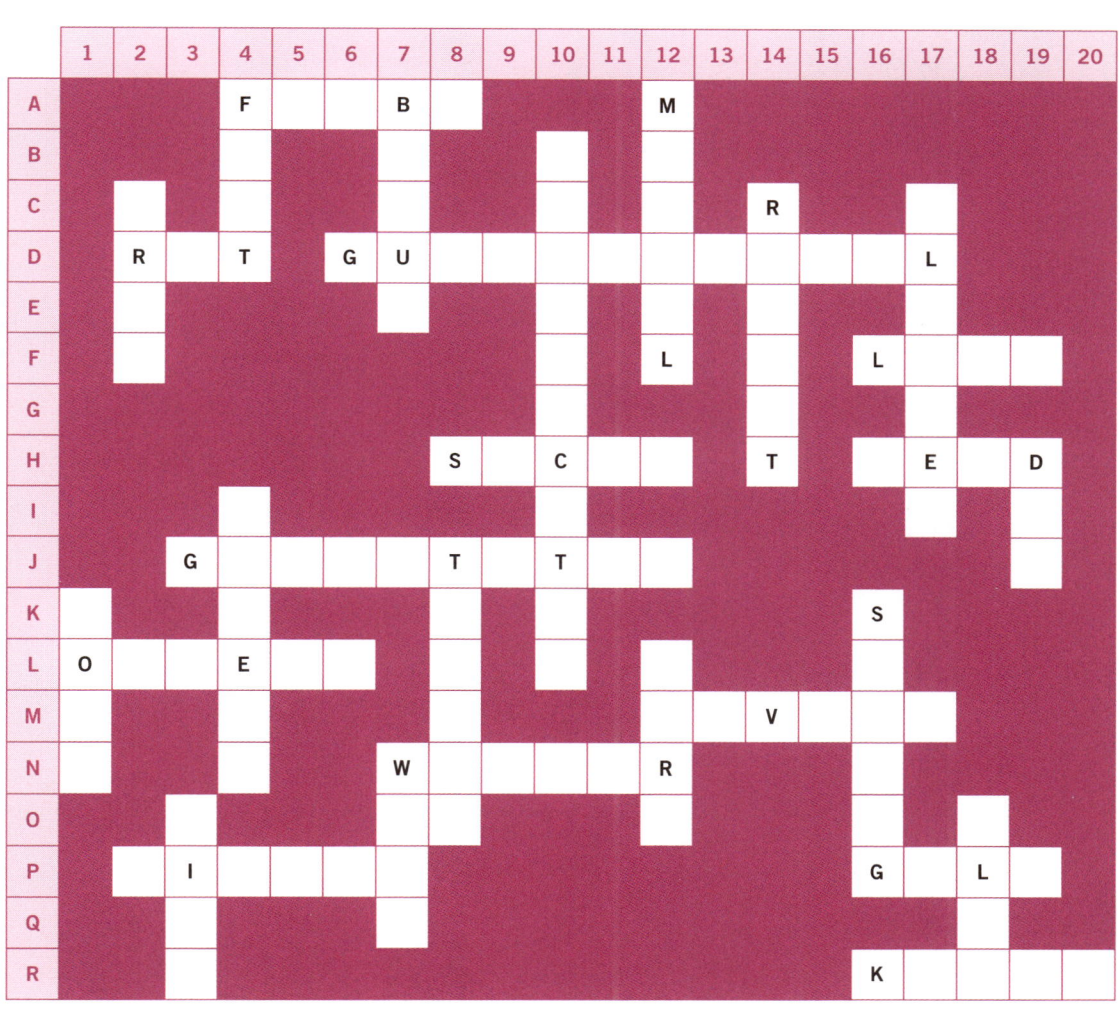

MODULE 4 : DIE 4 JAHRESZEITEN

Bilan

😊 😐 ☹️

Le nom des saisons
1. ....
2. ....

Les tournures impersonnelles autour du temps
3. ....
4. ....

Les noms composés
5. ....

Les noms des vêtements
6. ....
7. ....

Les articles définis et indéfinis à l'accusatif
8. ....
9. ....

Les verbes *tragen*, porter et *an/ziehen*, mettre (un vêtement) au présent de l'indicatif
10. ....

Les couleurs
11. ....

Le verbe *feiern*, fêter au présent de l'indicatif et les fêtes et coutumes
12. ....

Le verbe *werden* au présent de l'indicatif
13. ....

Chanson d'anniversaire
14. ....

Wortschatz 4
15. ....
16. ....
17. ....

Meine Familie

Objectifs

- **Présenter sa famille**
  Pour cela, nous allons voir :
  - les noms des membres de la famille
  - la négation **kein**
  - la phrase interrogative sans pronom interrogatif (interrogative globale)
  - les déterminants possessifs **mein**, *mon/ma/mes* et **dein**, *ton/ta/tes* au nominatif et à l'accusatif

- **Décrire sa famille**
  Pour cela, nous allons voir :
  - l'adjectif qualificatif attribut : autour du physique
  - l'adjectif qualificatif attribut : autour du caractère
  - la négation **nicht**

- **Parler de ses animaux domestiques**
  Pour cela, nous allons voir :
  - les noms autour des animaux domestiques
  - la préposition **für**, *pour*

Module 5

MODULE 5 : MEINE FAMILLE

La famille

Commençons par les noms des membres de la famille.

die Familie (n)	*la famille*	der Sohn (¨e)	*le fils*
die Eltern (plur.)	*les parents*	die Tochter (¨)	*la fille*
der Vater (¨)	*le père*	der Bruder (¨)	*le frère*
die Mutter (¨)	*la mère*	die Schwester (n)	*la sœur*
das Baby (s)	*le bébé*	die Geschwister (plur.)	*les frères et sœurs*

Note aussi ces noms qui sont comme en français, ou presque :
der Cousin (s), *le cousin* ; **die Cousine (n)**, *la cousine* ; **der Onkel (-)**, *l'oncle* ; **die Tante (n)**, *la tante*

Note aussi le verbe **kennen** (régulier), *connaître* + accusatif.

1 À toi de compléter la liste sur la famille en déduisant les noms allemands à partir des exemples donnés.

die Großeltern, *les grands-parents*

a. .... *la grand-mère*

b. .... *le grand-père*

die Urgroßmutter, *l'arrière-grand-mère*

c. .... *l'arrière-grand-père*

d. .... *les arrière-grands-parents*

MODULE 5 : MEINE FAMILIE

2 Indique la parenté avec Luka.

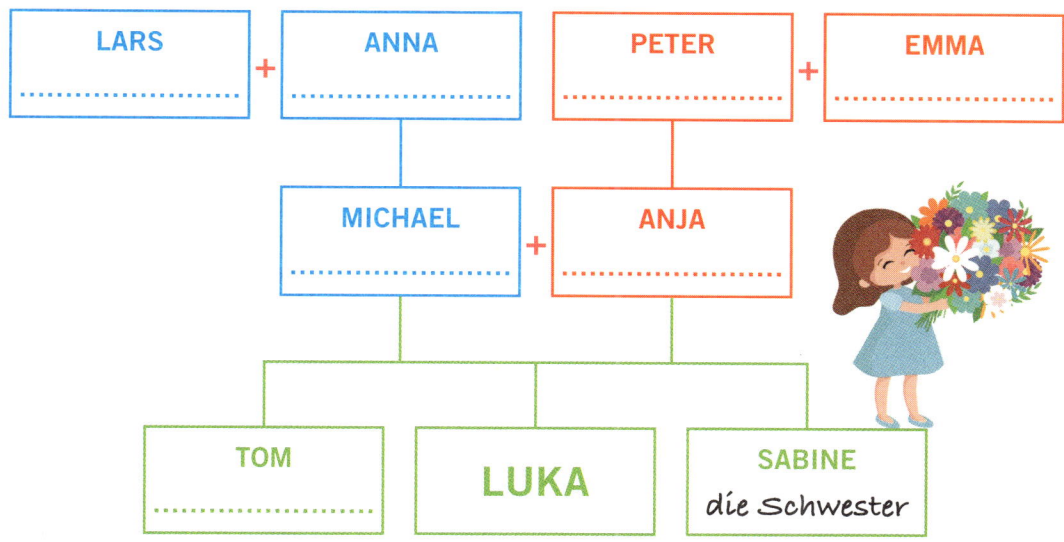

La négation *kein*

	masculin	féminin	neutre	pluriel
nominatif	kein Vater	keine Mutter	kein Kind	keine Kinder
accusatif	keinen Vater	keine Mutter	kein Kind	keine Kinder

Kein est la négation de l'article indéfini **ein**. Au singulier, elle se décline comme **ein/eine** ; contrairement à **ein**, elle a une forme au pluriel (voir tableau).

Tobias hat einen Bruder / Tobias hat keinen Bruder
➜ *Tobias a un frère / Tobias n'a pas de frère.*

Tobias hat Geschwister / Tobias hat keine Geschwister
➜ *Tobias a des frères et sœurs / Tobias n'a pas de frères et sœurs.*

MODULE 5 : MEINE FAMILIE

3 Complète les phrases par la négation *kein-*.

a. Sie haben .... Baby.

b. Lea hat .... Schwester.

c. Du hast .... Bruder.

d. Wir haben .... Kinder.

e. Ihr habt .... Geschwister.

f. Ich bin .... Junge.

g. Sie hat .... Urgroßvater.

h. Sie haben .... Sohn.

i. Sie haben .... Kind.

j. Das ist .... Baby.

L'interrogative globale

Elle commence par le verbe conjugué suivi du sujet et porte sur toute la phrase.
On y répond par **ja**, *oui*, **nein**, *non* ou **doch**, *si* après une négation dans la question.
Exemples :
Hast du einen Cousin? ➜ *As-tu un cousin ?*
Ja, ich habe einen Cousin / **Nein**, ich habe keinen Cousin
➜ *Oui, j'ai un cousin / Non, je n'ai pas de cousin.*
Hast du keinen Cousin? ➜ *Tu n'as pas de cousin ?*
Doch, ich habe einen Cousin / **Nein**, ich habe keinen Cousin
➜ *Si, j'ai un cousin / Non, je n'ai pas de cousin.*

4 Pose les questions correspondant aux réponses.

a. ....

– Ja, wir haben Geschwister.

b. ....

– Nein, sie haben kein Baby.

c. ....

– Doch, wir haben zwei Kinder.

d. ....

– Ja, wir haben zwei Kinder.

MODULE 5 : MEINE FAMILIE

Les déterminants possessifs *mein-/dein-*, mon, ma, mes / ton, ta, tes au nominatif et à l'accusatif

	masculin	féminin	neutre	pluriel
nominatif	mein Vater	meine Mutter	mein Kind	meine Eltern
accusatif	meinen Vater	meine Mutter	mein Kind	meine Eltern
nominatif	dein Vater	deine Mutter	dein Kind	deine Eltern
accusatif	deinen Vater	deine Mutter	dein Kind	deine Eltern

Il est important de distinguer le possesseur et le possédé.

- Le radical (en noir) dépend du possesseur. Exemple : **ich** ➜ **mein**, **du** ➜ **dein**
- La terminaison (en vert) dépend du possédé. Tu remarqueras que la déclinaison est la même que pour **ein/kein**. Exemples :
  - nominatif masculin : **Mein Vater kommt aus Berlin** ➜ *Mon père vient de Berlin.*
  - nominatif pluriel : **Meine Eltern heißen Michael und Anna** ➜ *Mes parents s'appellent Michaël et Anna.*
  - accusatif masculin : **Ich kenne deinen Vater** ➜ *Je connais ton père.*

5 Complète les déterminants possessifs.

a. Wie heißt d..................... Bruder?

b. M..................... Großvater kommt aus Berlin.

c. Ich kenne d..................... Eltern.

d. M..................... Vater kennt d..................... Vater.

e. Wie alt ist d..................... Bruder?

f. M..................... Großeltern wohnen in Österreich.

g. M..................... Urgroßvater ist 92.

h. Kennt Anna d..................... Großeltern?

MODULE 5 : MEINE FAMILIE

6 Mets ces exemples au singulier. Essaie de faire cet exercice sans revoir la leçon.

a. Wie alt sind deine Schwestern?

....

b. Meine Großmütter sind 70 Jahre alt.

....

c. Wie heißen deine Cousinen?

....

d. Kennst du meine Brüder?

....

e. Meine Söhne spielen Fußball.

....

f. Kennst du meine Tanten?

....

L'adjectif qualificatif attribut : autour du physique

Contrairement au français, l'adjectif qualificatif attribut est invariable en allemand.
Exemples :
Er ist klein → *Il est petit.*   **Wir sind klein** → *Nous sommes petits.*
Sie ist klein → *Elle est petite.*   **Wir sind klein** → *Nous sommes petites.*

Les adjectifs qualificatifs autour du physique

jung	*jeune*
alt	*vieux*
klein	*petit*
groß	*grand*
schlank	*mince*

dick	*gros*
stark	*fort*
schön	*beau*
süß	*mignon*
sportlich	*sportif*

MODULE 5 : MEINE FAMILIE

7 Entoure pour chaque dessin les adjectifs adéquats.

a.  Meine Schwester ist groß, klein, alt, süß, sportlich.

b.  Meine Tante ist dick, jung, schlank, schön, alt.

c.  Mein Vater ist klein, stark, sportlich, groß, dick.

d. Meine Urgroßmutter ist klein, stark, sportlich, groß, alt.

Les adjectifs qualificatifs autour du caractère

lieb/nett	*gentil*	traurig	*triste*
böse	*méchant*	intelligent	*intelligent*
lustig	*drôle*	dumm	*bête*

8 Indique pour chaque tête l'adjectif adéquat, parmi ceux de la boîte à mots.

a.

Mein Bruder ist

....

b.

Mein Bruder ist

....

c.

Mein Bruder ist

....

d.

Mein Bruder ist

....

MODULE 5 : MEINE FAMILIE

9 Avant d'aller plus loin, révise les adjectifs qualificatifs avec ces mots croisés.

HORIZONTALEMENT
A7 mince ; B1 gentil ; D4 fort ; E9 beau ; G2 triste ; I1 mignon ; K2 jeune

VERTICALEMENT
2A gros ; 3F grand ; 4B méchant ; 5F drôle ; 7A sportif ; 11A vieux ; 13A petit

	1	2	3	4	5	6	7	8	9	10	11	12	13
A		D					S						K
B	L			B									
C											T		
D		K		S			K						
E									S				N
F					L								
G		T		A		R		G					
H													
I	S		ß				H						
J													
K		J			G								

La négation *nicht*

Nicht est la 2ᵉ négation en allemand, elle est aussi la négation principale. Sa place au sein de la phrase peut varier. Note pour l'instant la syntaxe suivante : sujet + verbe conjugué + nicht + adjectif qualificatif.

Sie ist nicht lieb → *Elle n'est pas gentille.*
Du bist nicht stark → *Tu n'es pas fort.*

MODULE 5 : MEINE FAMILIE

10 Traduis les phrases suivantes.

a. Ma grand-mère n'est pas jeune.

....

b. Mon grand-père n'est pas grand.

....

c. Ta mère n'est pas vieille.

....

d. Les enfants ne sont pas gentils.

....

e. Ma sœur n'est pas grande.

....

Les animaux domestiques

Avant de poursuivre avec la grammaire, apprends cette liste de vocabulaire autour des animaux domestiques.

das Haustier (e)	l'animal domestique
der Hund (e)	le chien
die Katze (n)	le chat
der Vogel (¨)	l'oiseau
der Hamster (-)	le hamster
die Schildkröte (n)	la tortue
der Goldfisch (e)	le poisson rouge
der Knochen (-)	l'os
das Aquarium (Aquarien)	l'aquarium
die Maus (¨e)	la souris
der Salat (e)	la salade
der Käfig (e)	la cage

MODULE 5 : MEINE FAMILIE

Complète les bulles.

a. Ich habe zwei Katzen und ....

b. Wir haben ....
....

c. Ich ....
....

d. Und ich ....
....

La préposition *für*, pour

Certaines prépositions sont suivies de l'accusatif, comme la préposition **für**, *pour*.
Der Käfig ist für meinen Hamster → *La cage est pour mon hamster.*
Das ist für eine Schildkröte → *C'est pour une tortue.*

MODULE 5 : MEINE FAMILIE

12 Ajoute les terminaisons du déterminant possessif plus le nom de l'animal.

a. Das Aquarium ist für mein ....

b. Die Maus ist für dein ....

c. Der Käfig ist für dein ....

d. Der Salat ist für dein ....

e. Der Knochen ist für mein ....

WORTSCHATZ N° 5

13 Trouve l'intrus.

a. BRUDER / ELTERN / SCHILDKRÖTE / TOCHTER

b. Katze / Hund / Goldfisch / Geschwister

c. klein / dick / lustig / schlank

d. BÖSE / GROẞ / LIEB / TRAURIG

MODULE 5 : MEINE FAMILIE

 Mots croisés

HORIZONTALEMENT

A1 animal domestique ; C3 grand-mère ; D12 vieux ; E3 oncle ; E14 un (art. ind. acc. masc.) ; G8 drôle ; H3 gentil ; I13 méchant ; J3 parents ; K15 chien ; L1 jeune ; L10 fils ; N2 mère ; O8 pour ; Q2 beau

VERTICALEMENT

1A hamster ; 2N souris ; 3A arrière-grands-parents ; 7I frère ; 10A chat ; 10G sœur ; 12B triste ; 14B père ; 15I mince ; 16B ma (dét. poss. nom./acc. fém./pluriel) ; 18B ton (dét. poss. acc. masc.) ; 18K bête (stupide)

MODULE 5 : MEINE FAMILIE

 Soupe de lettres

Retrouve dans la soupe de lettres les mots suivants et indique-les derrière leur traduction.

HORIZONTALEMENT

poisson rouge **der** ....

(j') ai ....

fort ....

petit ....

famille **die** ....

intelligent ....

VERTICALEMENT

bébé **das** ....

enfant **das** ....

os **der** ....

sportif ....

frères et sœurs **die** ....

cage **der** ....

B	G	O	L	D	F	I	S	C	H	O
A	O	A	A	O	G	O	H	K	E	W
B	U	K	G	T	E	P	E	Ä	G	Q
Y	H	N	B	Y	S	L	R	F	N	A
X	G	O	A	U	C	G	T	I	H	F
K	E	C	S	H	H	N	Y	G	U	G
I	R	H	P	W	W	H	A	B	E	A
N	T	E	O	Q	I	E	H	O	U	Z
D	I	N	R	A	S	Ü	B	R	T	I
C	L	D	T	F	T	S	T	A	R	K
U	K	E	L	E	E	T	M	T	M	J
J	L	D	I	R	R	R	N	H	N	E
I	O	U	C	K	L	E	I	N	I	R
K	R	I	H	F	A	M	I	L	I	E
I	N	T	E	L	L	I	G	E	N	T

Bilan

La famille
1. ....
2. ....

La négation *kein*
3. ....

L'interrogative globale
4. ....

Les déterminants possessifs
mein-/dein-, mon, ma, mes/ton, ta, tes au nominatif et à l'accusatif
5. ....
6. ....

L'adjectif qualificatif attribut :
autour du physique et du caractère
7. ....
8. ....
9. ....

La négation *nicht*
10. ....

Les animaux domestiques
11. ....

La préposition *für*, pour
12. ....

Wortschatz 5
13. ....
14. ....
15. ....

Guten Appetit!

Objectifs

- **Dire ce qu'on mange et boit**
  Pour cela, nous allons voir :
  - les noms des aliments et des boissons
  - les noms des repas et la tournure **Was gibt es zum...?** pour *Qu'est-ce qu'on mange/qu'il y a... ?*
  - le parfait (passé composé) des verbes **trinken**, *boire* et **essen**, *manger*
  - les noms employés sans article (absence d'article)
  - les noms des pièces de vaisselle

- **Parler des goûts alimentaires**
  Pour cela, nous allons voir :
  - le présent de l'indicatif du verbe **mögen**, *(bien) aimer*
  - la négation d'un nom/groupe nominal sans article
  - l'emploi de **gern** dans une phrase déclarative et interrogative

- **Parler des courses**
  Pour cela, nous allons voir :
  - l'emploi de **gehen in** et **gehen auf**, *aller à* + les noms des commerces
  - le conditionnel de **mögen** : **ich möchte...** → *j'aimerais...*
  - quelques spécialités allemandes

Module 6

MODULE 6 : GUTEN APPETIT!

Les noms des aliments

Voyons tout d'abord ce qui se mange. Fais attention aux collectifs comme **das Obst**, *les fruits* et **das Gemüse**, *les légumes*, qui sont au singulier en allemand.

das Brot	*le pain*	das Hähnchen (-)	*le poulet*
der Zucker	*le sucre*	der Fisch (e)	*le poisson*
das Müsli	*le muesli*	das Gemüse (sing.)	*les légumes*
das Ei (er)	*l'œuf*	der Reis	*le riz*
die Wurst	*la charcuterie*	die Spaghetti	*les spaghettis*
die Butter	*le beurre*	das Obst (sing.)	*les fruits*
der Käse	*le fromage*	das Eis	*la glace*
die Marmelade	*la confiture*	das Joghurt (s)	*le yogourt*
der Honig	*le miel*	die Schokolade	*le chocolat*
das Fleisch	*la viande*	der Kuchen (-)	*le gâteau*

❶ Indique le nom de l'aliment avec son article défini.

a. .... e. ....

b.  .... f. ....

c. .... g. ....

d. ....

Les boissons

Poursuivons avec ce qui se boit :

der Orangensaft (¨e)	*le jus d'orange*	der Tee	*le thé*
der Apfelsaft (¨e)	*le jus de pomme*	der Kakao	*le chocolat (boisson)*
das Wasser	*l'eau*	die Milch	*le lait*
der Kaffee	*le café*		

MODULE 6 : GUTEN APPETIT!

2 Indique le nom de la boisson.

a. .... c. ....

b. .... d. ....

> ### Les repas et la tournure *Was gibt es zum…?* Qu'est-ce qu'on mange / qu'il y a… ?
>
> - **das Frühstück (e)** signifie *le petit déjeuner*. Même si les habitudes alimentaires changent, il reste généralement assez copieux dans les pays germaniques, surtout en fin de semaine. En plus du pain, beurre, confiture, on trouvera généralement sur la table du petit déjeuner du fromage, de la charcuterie et un œuf à la coque appelé **das Frühstücksei**, mot à mot « *l'œuf du petit déjeuner* ».
>
> - **das Mittagessen (-)**, *le déjeuner*, est le repas principal avec de la viande, des légumes, etc. C'est le seul repas chaud de la journée.
>
> - **das Abendessen (-)** équivaut au *dîner*, qui se compose souvent de pain avec du fromage et de la charcuterie, d'où son autre appellation **das Abendbrot**, mot à mot « *le pain du soir* ».
>
> Note aussi la tournure pour demander ce qu'on mange : **Was gibt es zum** + nom du repas ?, mot à mot « *Qu'est-ce qu'il y a au / pour le… ?* » On répond par : **Es gibt** + noms des aliments ➜ *Il y a…* Exemples :
> **Was gibt es zum Abendessen?** ➜ *Qu'est-ce qu'on mange ce soir ?*
> **Es gibt Käse, Wurst und Obst** ➜ *Il y a du fromage, de la charcuterie et des fruits.*
> On dit également **Was gibt es zum Essen?** ➜ *Qu'est-ce qu'il y a à manger ?*
> Et n'oublie pas de souhaiter un *Bon appétit !* ➜ **Guten Appetit!**

MODULE 6 : GUTEN APPETIT!

3. Complète les réponses avec le nom du repas et réponds en employant le vocabulaire qui suit : *Kakao, Brot, Gemüse, Reis, Hähnchen, Honig, Orangensaft, Eis, Wurst, ein Ei, Obst, Marmelade*.

a. Was gibt es zum .... ?

b. Es gibt ....
....
....

c. Was gibt es zum .... ?

d. Es gibt ....
....
....

Les verbes *trinken*, boire et *essen*, manger au parfait

Trinken est un verbe régulier au présent de l'indicatif. Son participe passé est **getrunken**.

Essen est un verbe irrégulier dont le **-e** du radical devient **-i** aux 2es et 3es personnes du singulier. Et, comme tout verbe terminé en **-(s)s**, **-(t)z**, **-ß**, il prend juste un **-t** à la 2e personne du singulier. Son participe passé est **gegessen**.

MODULE 6 : GUTEN APPETIT!

Le parfait équivaut au passé composé. Les verbes **essen**, *manger* et **trinken**, *boire* forment leur parfait avec l'auxiliaire **haben** au présent de l'indicatif + le participe passé (**getrunken** pour **trinken** / **gegessen** pour **essen**). Note bien que le participe passé se place en fin de phrase. Exemples :
Ich habe einen Orangensaft getrunken ➜ *J'ai bu un jus d'orange.*
Er hat eine Orange gegessen ➜ *Il a mangé une orange.*

4 Complète le tableau ci-dessous en suivant les règles du parfait.

ich	du	er/sie/es	wir	ihr	sie
	hast getrunken				
				habt gegessen	

5 Mets les phrases au parfait.

a. Du trinkst einen Apfelsaft

....

b. Er isst ein Ei

....

c. Wir trinken einen Orangensaft

....

d. Ihr esst Eier

....

e. Sie trinken einen Kaffee

....

MODULE 6 : GUTEN APPETIT!

L'absence d'article

En allemand, les noms s'emploient sans article lorsque leur quantité n'est pas précisée (nous avons déjà vu que l'article **ein(e),** *un(e)* n'a pas de forme plurielle) ou bien indénombrable. Observe les exemples suivants. Encore une fois, tu remarqueras la similitude avec l'anglais.

Ich esse Honig ➜ *Je mange du miel* (angl. *I eat honey*).
Ich esse Spaghetti ➜ *Je mange des spaghettis* (angl. *I eat spaghetti*).

6 Traduis les phrases suivantes.

a. Nous avons bu de l'eau.

....

b. Il a mangé du pain.

....

c. Elle a bu du lait.

....

d. Ils ont mangé des fruits.

....

La vaisselle

der Teller (-)	*l'assiette*
das Glas (¨er)	*le verre*
die Gabel (n)	*la fourchette*
das Messer (-)	*le couteau*
der Löffel (-)	*la cuillère*
die Tasse (n)	*la tasse*

MODULE 6 : GUTEN APPETIT!

7 *Was ist das?* **Indique les noms en allemand avec leur nombre.**

a.  ....

b.  ....

c. 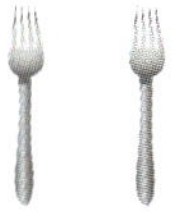 ....

d.  ....

Le verbe *mögen*, (bien) aimer au présent de l'indicatif

	ich	du	er/sie/es	wir	ihr	sie
mögen	mag	magst	mag	mögen	mögt	mögen

Mögen signifie *aimer / bien aimer*. Attention ! Sa conjugaison est irrégulière au singulier. Là aussi, les noms ne prennent pas d'article en allemand (voir règle au sujet de l'absence d'article ci-contre). Exemples :

Was magst du? ➜ *Qu'est-ce que tu aimes ?*   **Ich mag Honig** ➜ *J'aime le miel.*

8 **Complète les phrases par le verbe *mögen* et indique ce que les personnes aiment.**

a.  Luka ....
....

b.  Wir ....
....

c.  Ich ....
....

91

MODULE 6 : GUTEN APPETIT!

La négation d'un nom/groupe nominal sans article

Pour nier un nom ou groupe nominal sans article, on emploie la négation **kein**. Souviens-toi qu'elle se décline (module 5, p. 73) ! Exemples :

- Accusatif masculin : **Ich mag Kako/Ich mag keinen Kakao** ➜ *J'aime le chocolat / Je n'aime pas le chocolat*. Pourquoi **keinen** ? Parce que **mögen** régit un accusatif et **der Kakao** est un nom masculin.

- Accusatif féminin : **Ich mag Butter/Ich mag keine Butter** ➜ *J'aime le beurre / Je n'aime pas le beurre*. Pourquoi **keine** ? Parce que **die Butter** est un nom féminin.

9 Complète les phrases par la négation *kein-* déclinée.

a.  Die Kinder mögen ....
Gemüse, ... Fisch und
.... Kaffee.

b. Ich mag .... Milch,
.... Orangensaft,
und .... Eis.

L'emploi de *gern* dans une phrase déclarative et interrogative

L'adverbe **gern**, déjà rencontré dans le module 3, s'emploie avec un verbe conjugué et indique la préférence.
Dans une phrase déclarative, il se place derrière le verbe conjugué.
Ich trinke gern Orangensaft ➜ *J'aime (bien) boire du jus d'orange.*
Wir essen gern Gemüse ➜ *Nous aimons (bien) manger des légumes.*

La négation se forme avec **nicht** placé devant **gern** :
Wir essen nicht gern Gemüse ➜ *Nous n'aimons pas manger des légumes.*

Dans une phrase interrogative, **gern** passe derrière le sujet.
Was trinkt ihr gern? ➜ *Qu'est-ce que vous aimez (bien) boire ?*
Trinkt ihr gern Kaffee? ➜ *Vous aimez (bien) boire du café ?*

MODULE 6 : GUTEN APPETIT!

10 Complète cette conversation avec le verbe et *gern*.

a. – .... du .... Milch?

b. – .... die Kinder .... Fisch?

c. – Ich .... nicht .... Eier.

d. – Ihr .... Müsli.

Gehen in/auf, aller à et les noms des commerces

Les commerces pour l'alimentation sont :
der Supermarkt (¨e) ➔ *le supermarché*   **die Fleischerei (en)** ➔ *la boucherie*
die Bäckerei (en) ➔ *la boulangerie*   **der Markt (¨e)** ➔ *le marché*

Pour dire *aller au supermarché, à la boulangerie*, etc., en allemand, on emploie généralement la préposition **in** + l'article à l'accusatif :
Ich gehe in den Supermarkt ➔ *Je vais au supermarché.*
Tobias geht in die Bäckerei ➔ *Tobias va à la boulangerie.*

Exception : pour dire *aller au marché*, on emploie la préposition **auf** + l'article à l'accusatif. Exemple :
Ich gehe auf den Markt ➔ *Je vais au marché.*

N.-B. : **Wohin** signifie *(vers) où* et pose la question sur le lieu où l'on va :
Wohin geht ihr? ➔ *Où allez-vous ?*

11 Remets les lettres dans l'ordre pour former les noms des commerces d'alimentation.

a. R/T/A /K/M

....

b. S/P/E/R/T/A/K/U/M/R

....

c. I/L/F/E/S/H/R/I/E/C/E

....

d. B/C/K/I/Ä/E/R/E

....

MODULE 6 : GUTEN APPETIT!

12 Complète les réponses.

a. Wohin geht er?

Er geht ....

....

b. Wohin geht ihr?

Wir gehen ....

....

c. Wohin gehen sie?

Sie gehen ....

....

d. Wohin gehst du?

Ich gehe ....

....

Le conditionnel de *mögen* : *ich möchte…*, *j'aimerais…*

	ich	du	er/sie/es	wir	ihr	sie
mög**en**	möchte	möchtest	möchte	möchten	möchtet	möchten

En allemand, l'équivalent du conditionnel s'appelle subjonctif II. **Ich möchte…** se traduit par *j'aimerais* ou *je souhaite/souhaiterais*. Note aussi : **bitte** signifie *s'il te plaît / s'il vous plaît*.
Was möchtest du? → *Que souhaites-tu ?*
Ich möchte bitte zwei Brötchen → *J'aimerais deux petits pains, s'il vous plaît.*
Voici quelques spécialités que tu auras peut-être l'occasion de goûter lors d'un séjour dans un pays germanique.

MODULE 6 : GUTEN APPETIT!

Quelques spécialités

das Brötchen (-)	le petit pain
die Brezel (n)	la bretzel
das Schwarzbrot (e)	le pain noir
der Käsekuchen (-)	le gâteau au fromage blanc
ein, zwei, drei… Stück Käsekuchen	un, deux, trois… morceaux de gâteau au fromage blanc

13 Complète les phrases par la forme conjuguée *möcht-*.

a. Er ………………………………… eine Brezel.

b. Was ………………………………… ihr?

c. ………………………………… du ein Stück Käsekuchen?

d. Wir ………………………………… bitte 3 Brötchen und ein Schwarzbrot.

14 Complète le dialogue.

Guten Tag! Was möchtet ihr?

a. Ich möchte ……………………………………
…………………………………………………………

b. Ich möchte ……………………………………
…………………………………………………………
und …………………………………………………

MODULE 6 : GUTEN APPETIT!

WORTSCHATZ N° 6

15 *Der*, *die* ou *das* ? Te souviens-tu du genre des mots suivants ?

Obst   Gemüse   Fleisch   Hähnchen   Fisch   Wasser   Kakao
Müsli   Brot   Wurst   Marmelade   Honig   Kaffee   Orangensaft
Kuchen   Eis   Glas   Teller   Gabel   Messer   Frühstück
Abendbrot   Mittagessen   Bäckerei   Fleischerei   Supermarkt   Markt
Schwarzbrot   Brezel   Ei   Schokolade   Tasse

der	die	das

16 Remets les lettres dans l'ordre.

a. petit pain ➜ R/B/C/E/N/T/Ö/H

....

b. sucre ➜ R/Z/K/U/C/E

....

c. beurre ➜ R/U/T/E/T/B

....

d. gâteau au fromage blanc ➜ C/U/K/E/N/H/E/S/Ä/K

....

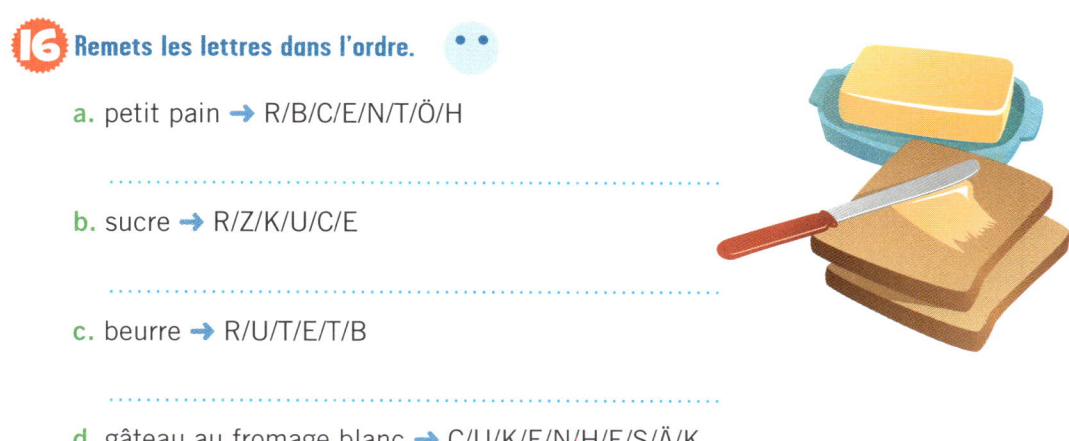

MODULE 6 : GUTEN APPETIT!

 Mots croisés

HORIZONTALEMENT

B4 (j') aimerais ; D13 (bien) aimer ; F1 jus de pomme ; F11 charcuterie ; H5 légumes ; K6 déjeuner (repas du midi) ; M12 glace ; N1 manger ; P2 chocolat (boisson) ; Q9 dîner (repas du soir, première version) ; R5 œuf ; S6 verre ; T1 thé ; T9 assiette

VERTICALEMENT

1F dîner (repas du soir, seconde version) ; 2 P gâteau ; 3F viande ; 5A cuillère ; 6K (j') aime (bien) ; 6O miel ; 8F petit déjeuner ; 9P (tu) aimes (bien) ; 10J eau ; 12J mangé ; 13D marché (nom commun) ; 15D bu ; 17N fruits

MODULE 6 : GUTEN APPETIT!

Bilan

😊 😐 😠

Les noms des aliments
1. ....

Les boissons
2. ....

Les repas et la tournure *Was gibt es zum…?* Qu'est-ce qu'on mange… ?
3. ....

Les verbes *trinken*, boire et *essen*, manger au parfait
4. ....
5. ....

L'absence d'article
6. ....

La vaisselle
7. ....

Le verbe *mögen*, (bien) aimer au présent de l'indicatif
8. ....

La négation d'un nom/groupe nominal sans article
9. ....

L'emploi de *gern* dans une phrase déclarative et interrogative
10. ....

***Gehen in/auf*, aller à et les noms des commerces**
11. ....
12. ....

Le conditionnel de *mögen* : *ich möchte…*, j'aimerais…
13. ....
14. ....

Wortschatz 6
15. ....
16. ....
17. ....

98

Willkommen zu Hause!

Module 7

Objectifs

- **Décrire un logement**
  Pour cela, nous allons voir :
  - les noms des logements/pièces et la préposition **in + dem/der**, *dans le/la*
  - le présent de l'indicatif : révision
  - le pronom indéfini **man**, *on*

- **Indiquer les tâches ménagères à accomplir**
  Pour cela, nous allons voir :
  - les différentes tâches ménagères
  - l'impératif aux 2es pers. du sing. et du plur.

- **Parler de l'ameublement**
  Pour cela, nous allons voir :
  - le pronom interrogatif **wohin**, *où*
  - les noms des meubles et des appareils ménagers
  - le verbe **stellen**, *mettre/placer*
  - les articles définis au datif
  - le verbe **stehen**, *être (mis/placé) / se trouver* et les prépositions **in**, *dans* et **auf**, *sur*

MODULE 7 : WILLKOMMEN ZU HAUSE!

Les noms des logements/pièces + la préposition *in* + *dem/der*, dans le/la

Les noms des différents logements/pièces sont les suivants. Tu remarqueras que plusieurs noms sont composés du terme **das Zimmer**, *la pièce*.

das Haus (¨er)	la maison
die Wohnung (en)	l'appartement
der Garten (¨)	le jardin
das Zimmer (-)	la chambre/pièce
das Schlafzimmer (-)	la chambre à coucher
die Küche (n)	la cuisine
das Wohnzimmer (-)	le salon
das Esszimmer (-)	la salle à manger
das Badezimmer (-)	la salle de bains
das Arbeitszimmer (-)	le bureau
die Toilette (n)	les toilettes
die Garage (n)	le garage
der Keller (-)	la cave

Pour indiquer la pièce dans laquelle on se trouve, on emploie la préposition **in**, *dans*. Attention aux différents emplois selon le genre du nom. Pour les noms masculins et neutres, on emploie **im** qui est la contraction de **in + dem** ; pour les noms féminins, on emploie **in der**. **Dem** et **der** sont des articles au datif sur lesquels nous reviendrons.

- Masculin : **der Garten** ➔ **Ich bin im Garten** ➔ *Je suis dans le jardin*.
- Neutre : **das Wohnzimmer** ➔ **Ich bin im Wohnzimmer** ➔ *Je suis dans le salon*.
- Féminin : **die Wohnung** ➔ **Ich bin in der Wohnung** ➔ *Je suis dans l'appartement*.

Exception : *être aux toilettes* se dit **auf der Toilette sein**. Exemple : **Bist du auf der Toilette?** ➔ *Es-tu aux toilettes ?*

MODULE 7 : WILLKOMMEN ZU HAUSE!

1 *Wo bist du?* Où es-tu ? Indique le nom de la pièce précédé de sa construction prépositionnelle.

a. ....   e. ....

b. ....   f. ....

c. ....   g. ....

d. ....   h. ....

MODULE 7 : WILLKOMMEN ZU HAUSE !

Révision des verbes au présent de l'indicatif

Avant d'aller plus loin, tu vas réviser la conjugaison au présent de l'indicatif avec de nouveaux verbes :

Kochen, *cuisiner* et **duschen**, *se doucher* sont réguliers.

Baden, *se baigner / prendre un bain* fait partie des verbes prenant un **e** phonétique aux 2es et 3es personnes du singulier, étant donné que son radical se termine en **-d**.

Attention ! **Duschen** et **baden** peuvent être employés comme verbes pronominaux ou non. Ici, nous employons la forme non pronominale.

Putzen, *nettoyer* prend juste un **-t** à la 2e personne du singulier étant donné que son radical se termine en **-tz**.

Waschen, *laver* et **schlafen**, *dormir*, font partie des verbes dont le **a** du radical devient **ä** aux 2es et 3es personnes du singulier.

Fern/sehen, *regarder la télévision* fait, d'une part, partie des verbes dont le **e** du radical devient **ie** aux 2es et 3es personnes du singulier et, d'autre part, des verbes à particule séparable, **fern** étant la particule.
Exemple : **Du siehst fern** ➜ *Tu regardes la télé.*

2 Conjugue les verbes au présent de l'indicatif des personnes indiquées.

a. er .... (fern/sehen)

b. ihr .... (baden)

c. er .... (putzen)

d. ich .... (schlafen)

e. du .... (duschen)

f. sie (sing.) .... (waschen)

g. wir .... (kochen)

h. sie (plur.) .... (fern/sehen)

i. du .... (waschen)

j. ich .... (putzen)

k. du .... (schlafen)

l. ich .... (kochen)

MODULE 7 : WILLKOMMEN ZU HAUSE !

Le pronom indéfini *man*, on

Il correspond à *on* et régit, comme en français, la 3ᵉ personne du singulier. Exemple :
Was macht man im Wohnzimmer? – Man sieht fern.
→ *Que fait-on dans le salon ? – On regarde la télé.*

3 Réponds aux questions en employant les verbes *baden/duschen*, *schlafen*, *arbeiten*, *essen*, *kochen*.

a. Was macht man im Arbeitszimmer?

– ....

b. Was macht man im Badezimmer?

– ....

c. Was macht man im Schlafzimmer?

– ....

d. Was macht man im Esszimmer?

– ....

e. Was macht man in der Küche?

– ....

Les tâches ménagères

Voici du vocabulaire nouveau qui te servira pour parler des tâches ménagères.

auf/räumen (er räumt … auf)	ranger
dein/euer Bett machen	faire ton/votre lit (tutoiement pluriel)
den Tisch decken	mettre la table
den Tisch ab/decken (er deckt…ab)	débarrasser la table
die Wäsche waschen (er wäscht)	laver le linge
die Küche putzen	nettoyer la cuisine

MODULE 7 : WILLKOMMEN ZU HAUSE!

4 Retrouve la traduction française.

a. Räumst du das Wohnzimmer auf? •
b. Wäschst du die Wäsche? •
c. Deckst du den Tisch ab? •
d. Machst du dein Bett? •
e. Deckst du den Tisch? •
f. Putzt du die Küche? •
g. Putzt du das Badezimmer? •

• 1. Tu laves le linge ?
• 2. Tu mets la table ?
• 3. Tu nettoies la salle de bains ?
• 4. Tu ranges le salon ?
• 5. Tu débarrasses la table ?
• 6. Tu fais ton lit ?
• 7. Tu nettoies la cuisine ?

L'impératif aux 2es personnes du singulier et du pluriel

Comme en français, l'impératif sert à exprimer un ordre, une prière. Sa conjugaison reste très proche du présent de l'indicatif. Il se forme comme suit :

- La 2e personne du singulier se conjugue comme au présent de l'indicatif sans le pronom personnel **du** et la terminaison **-st** (ou **-t** pour les verbes dont le radical se termine en **-(s)s/-(t)z/-ß**). Exemples :
Deck bitte den Tisch! → *Mets la table, s'il te plaît !* (infinitif **decken** ; présent **du deckst**)
Putz das Badezimmer! → *Nettoie la salle de bains !* (infinitif **putzen** ; présent **du putzt**)

Mais les verbes irréguliers en **a** perdent le **Umlaut**, le *tréma*. Exemple : **Wasch die Wäsche!** → *Lave le linge !* (infinitif **waschen** ; indicatif **du wäschst**)

- La 2e personne du pluriel se conjugue comme au présent de l'indicatif sans le pronom personnel **ihr**. Exemples :
Deckt den Tisch! → *Mettez la table !* (infinitif **decken** ; présent **du deckst**)

N.-B. : Dans le cas d'un verbe à particule séparable, le complément se place entre le verbe conjugué et sa particule. **Räum/Räumt die Küche auf!** → *Range/Rangez la cuisine !*

MODULE 7 : WILLKOMMEN ZU HAUSE!

5 Traduis les phrases suivantes.

a. Nettoie la cuisine ! .... !

b. Débarrassez la table ! .... !

c. Faites votre lit ! .... !

d. Lave le linge ! .... !

e. Nettoyez la cuisine ! .... !

f. Débarrasse la table ! .... !

g. Fais ton lit ! .... !

h. Lavez le linge ! .... !

Le pronom interrogatif *wohin*, où

Wohin se traduit par *où* pour désigner un déplacement/changement de lieu. À ne pas confondre avec **wo**, *où* qui désigne le lieu où se trouve quelqu'un ou quelque chose (module 1).

Pour indiquer la pièce dans laquelle on met un objet/meuble, on emploie généralement le verbe **stellen**, *mettre/placer* qui est un verbe régulier.
Wohin stellen wir den Tisch? → *Où mettons-nous la table ?*
Wohin stellen wir die Vase? → *Où mettons-nous le vase ?*

N.-B. : **den Tisch** (masc.) et **die Vase** (fém.) sont deux compléments accusatif

Les meubles et appareils ménagers

die Möbel (plur.)	les meubles	der Schrank (¨e)	l'armoire
das Bett (en)	le lit	der Kühlschrank (¨ e)	le réfrigérateur
der Tisch (e)	la table	das Sofa (s)	le canapé
der Schreibtisch (e)	le bureau (table)	die Lampe (n)	la lampe
der Stuhl (¨e)	la chaise	der Fernseher (-)	la télévision
der Nachttisch (e)	la table de nuit		

MODULE 7 : WILLKOMMEN ZU HAUSE !

6 Indique le nom du meuble / de l'appareil ménager avec sa préposition déclinée.

a. Wohin stellen wir .... ?

b. Wohin stellen wir .... ?

c. Wohin stellen wir .... ?

d. Wohin stellen wir .... ?

e. Wohin stellen wir .... ?

f. Wohin stellen wir .... ?

Les prépositions mixtes *in*, dans et *auf*, sur

En allemand, il existe plusieurs prépositions dites mixtes, dont **in**, *dans* et **auf**, *sur*. On les nomme ainsi car, selon le verbe, elles régissent un cas différent. Lorsque le verbe exprime un déplacement/changement de lieu, la préposition mixte régit un accusatif. Lorsque le verbe exprime un locatif / le lieu où se trouve quelqu'un ou quelque chose, la préposition mixte régit un datif. Nous allons voir maintenant plusieurs exemples.

MODULE 7 : WILLKOMMEN ZU HAUSE !

Le verbe *stellen*, mettre/placer + prépositions *in*, dans et *auf*, sur

Le verbe **stellen**, *mettre/placer* désigne un mouvement/déplacement. Il régit l'accusatif quand il est construit avec une préposition mixte comme **in**, *dans* et **auf**, *sur*.
Accusatif féminin : **Wir stellen den Tisch in die Küche**
→ *Nous mettons la table dans la cuisine.*
Accusatif masculin : **Wir stellen die Vase auf den Tisch**
→ *Nous mettons le vase sur la table.*

Dans le cas de **in + das**, l'article est contracté avec la préposition : **ins**. Exemple :
Wir stellen das Sofa ins (in das) Wohnzimmer
→ *Nous mettons le canapé dans le salon.*

7 **Complète les phrases par la préposition + l'article + le nom de la pièce / du meuble.**

a. Wir stellen die Lampe ....?

b. Wir stellen das Bett ....?

c. Wir stellen den Schrank ....?

d. Wir stellen den Kühlschrank ....?

MODULE 7 : WILLKOMMEN ZU HAUSE !

Les articles définis au datif

Le datif est le 3ᵉ cas de la déclinaison allemande. Dans cette leçon, tu vas étudier la déclinaison des articles définis et leur emploi avec les prépositions **in** et **auf**.

	masculin	féminin	neutre	pluriel
datif	dem Tisch	der Küche	dem Zimmer	den Zimmern

Il est important que tu apprennes les articles par cœur. Tu auras remarqué plusieurs changements par rapport aux tableaux du nominatif et de l'accusatif. Note une autre particularité du datif : les noms prennent un **-n** au pluriel sauf si leur pluriel se forme déjà en **-n** : **die Zimmer** (nominatif/accusatif pluriel) → **den Zimmern** (datif pluriel) ; **die Tische** (nominatif/accusatif pluriel) → **den Tischen** (datif pluriel) ; **die Lampen** (nominatif/accusatif pluriel) → **den Lampen** (datif pluriel).

8 Avant de poursuivre, tu vas réviser les articles définis étudiés jusqu'ici. Complète le tableau.

	masculin	féminin	neutre	pluriel
nominatif	der Stuhl			
accusatif		die Wohnung		die Schränke
datif			dem Haus	

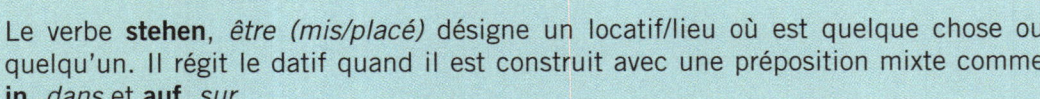

Le verbe *stehen*, être (mis/placé)

Le verbe **stehen**, *être (mis/placé)* désigne un locatif/lieu où est quelque chose ou quelqu'un. Il régit le datif quand il est construit avec une préposition mixte comme **in**, *dans* et **auf**, *sur*.

Dans le cas de **in + dem**, l'article et la préposition sont contractés : **im**. Voici plusieurs exemples construits avec le verbe **stehen + in/auf** :
Der Tisch steht in der Küche → *La table est dans la cuisine.*
Die Lampe steht im (in dem) Schlafzimmer → *La lampe est dans la chambre à coucher.*
Der Stuhl steht auf dem Tisch → *La chaise est sur la table.*

MODULE 7 : WILLKOMMEN ZU HAUSE!

9 **Complète les phrases par la préposition + l'article + le nom de la pièce / du meuble.**

a.    Wo steht das Sofa? ....

....

b.    Wo steht die Lampe? ....

....

c.    Wo stehen die Stühle? ....

....

MODULE 7 : WILLKOMMEN ZU HAUSE!

WORTSCHATZ N° 7

10 Au cours de ce module, tu as vu plusieurs nouveaux noms composés. Reconstitue les mots avec leur second terme et relie-les à leur traduction.

-zimmer/-tisch/-seher/-schrank

a. das Bade .... •   • le réfrigérateur
b. das Wohn .... •   • le salon
c. der Schreib .... •   • la télévision
d. das Arbeits .... •   • la salle de bains
e. der Kühl .... •   • le bureau (la pièce)
f. das Schlaf .... •   • la salle à manger
g. das Ess .... •   • la chambre à coucher
h. der Fern .... •   • le bureau (le meuble)

11 Trouve l'intrus.

a. der Tisch / der Stuhl / das Gemüse / der Schrank
b. das Haus / die Wohnung / der Garten / die Bäckerei
c. putzen / trinken / den Tisch decken / waschen
d. das Obst / die Küche / das Schlafzimmer / das Wohnzimmer
e. das Bett / das Sofa / der Schreibtisch / die Gabel
f. kochen / abdecken / aufräumen / spielen

MODULE 7 : WILLKOMMEN ZU HAUSE!

 **Mots croisés**

HORIZONTALEMENT

A11 chaises ; C7 (vous) lavez (tutoiement) ; E1 ranger ; G11 cuisiner ; I8 faire ; I15 la (art. déf. dat. fém.) ; J4 cuisine ; L1 le (art. déf. dat. masc.) ; L11 appartement ; N1 (tu) dors ; N12 (il se) douche ; P4 on ; R1 meubles

VERTICALEMENT

1J (tu te) baignes ; 2D (tu) nettoies ; 4C jardin ; 4N lampe ; 6I dormir ; 8B salle de bains ; 8M (il) met/place ; 11A armoire ; 13L maison ; 14C table ; 16D regarder la télé

MODULE 7 : WILLKOMMEN ZU HAUSE!

Bilan

Les noms des logements/pièces + la préposition *in* + *dem/der*, dans le/la
1. ....

Révision des verbes au présent de l'indicatif
2. ....

Le pronom indéfini *man*, on
3. ....

Les tâches ménagères
4. ....

L'impératif à la 2e personne du singulier et du pluriel
5. ....

Le pronom interrogatif *wohin*, où et les meubles/appareils ménagers
6. ....

Le verbe *stellen*, mettre/placer + prépositions *in*, dans et *auf* sur
7. ....

Les articles définis au datif
8. ....

Le verbe *stehen*, être (mis/placé)
9. ....

Wortschatz 7
10. ....
11. ....
12. ....

Schönes Wochenende!

Objectifs

- **Parler des devoirs pour l'école**
  Pour cela, nous allons voir :
  - le verbe **müssen**, *devoir*
  - les différents devoirs pour l'école

- **Parler des activités du week-end**
  Pour cela, nous allons voir :
  - les différentes activités
  - le pronom interrogatif **wen**, *qui*
  - la phrase déclarative

- **Parler d'une fête**
  Pour cela, nous allons voir :
  - les pronoms personnels au sing. et à la 3e pers. du plur. de l'accusatif
  - du vocabulaire autour de la fête
  - une carte d'invitation

Module 8

MODULE 8 : SCHÖNES WOCHENENDE !

Le verbe *müssen*, devoir

	ich	du	er/sie/es	wir	ihr	sie
müssen	muss	musst	muss	müssen	müsst	müssen

Le verbe **müssen** est un verbe de modalité qui sert à exprimer une obligation / un ordre. Il se traduit par *devoir* ou la tournure *il faut que...* Dans la majorité des cas, les verbes de modalité allemands régissent un infinitif comme en français. Mais attention ! Dans la phrase allemande, l'infinitif est rejeté à la fin de la phrase.
Ich muss meine Hausaufgaben machen ➔ *Il faut que je fasse mes devoirs.*
Musst du deine Hausaufgaben machen? ➔ *Dois-tu faire tes devoirs ?*

Les devoirs

meine Hausaufgaben machen	*faire mes devoirs*
für die Mathearbeit lernen	*apprendre pour le devoir sur table de maths*
ein Referat (über Berlin) vor/bereiten	*préparer un exposé (sur Berlin)*
für das Sommerkonzert proben	*répéter pour le concert d'été*

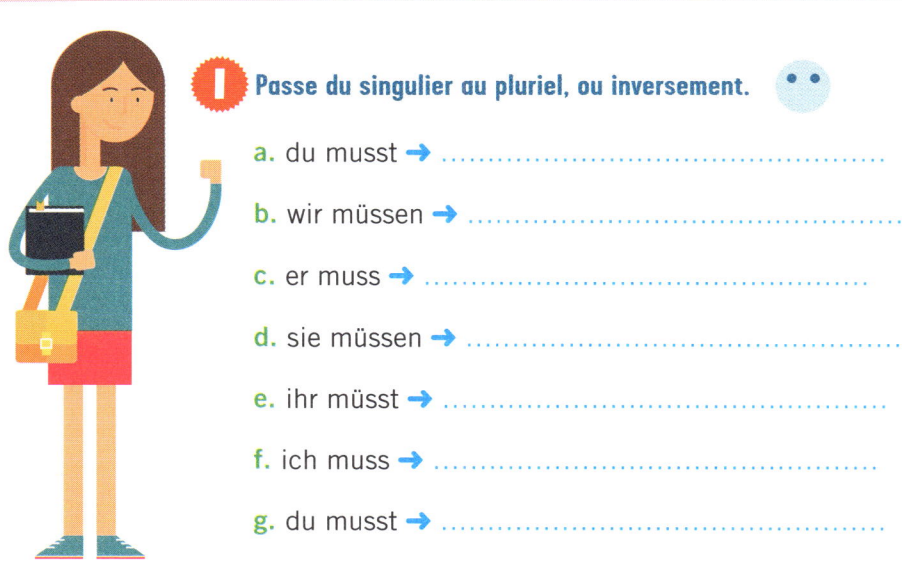

1 Passe du singulier au pluriel, ou inversement.

a. du musst ➔ ....

b. wir müssen ➔ ....

c. er muss ➔ ....

d. sie müssen ➔ ....

e. ihr müsst ➔ ....

f. ich muss ➔ ....

g. du musst ➔ ....

MODULE 8 : SCHÖNES WOCHENENDE!

2 Remets les éléments de la phrase dans l'ordre en commençant par le sujet. N'oublie pas d'ajouter la majuscule !

a. Referat/er/über/ein/Paris/vorbereiten/muss

....

b. die/für/Französischarbeit/müssen/lernen/sie

....

c. für/müssen/Sommerkonzert/die/das/proben/Schüler

....

d. musst/deine/du/machen/Hausaufgaben

....

Les activités du week-end

einen Ausflug machen	*faire une excursion*
ins Kino gehen	*aller au cinéma*
Sport machen	*faire du sport*
am Computer/an der Konsole spielen	*jouer à l'ordinateur / à la console*
im Internet surfen	*surfer sur Internet*
shoppen gehen (➔ ich gehe shoppen)	*aller faire du shopping*
mit meiner Mutter kochen	*cuisiner avec ma mère*
Freunde ein/laden (er lädt ... ein)*	*inviter des amis*
Freunde treffen (er trifft)	*rencontrer des amis*

* N.-B. : les verbes irréguliers terminés en **-d** ou **-t** comme **einladen** prennent un **e** phonétique à la 2ᵉ personne du pluriel : **ihr ladet ein**

3 Avant de poursuivre, tu vas réviser la conjugaison des verbes irréguliers et à particule séparable. Complète le tableau.

ich	du	er/sie/es	wir	ihr	sie
treffe		**trifft**			
	lädst ... ein				**laden ... ein**

MODULE 8 : SCHÖNES WOCHENENDE!

4 Complète les phrases avec les mots suivants : *Konsole*, *Freunde*, *shoppen*, *Kino*, *Sport*, *Ausflug*.

a.  Die Familie macht ....

b.  Die Kinder spielen an der ....

c.  Wir gehen ins ....

d.  Meine Geschwister machen einen ....

e.  Meine Schwestern gehen ....

f.  Ich treffe ....

MODULE 8 : SCHÖNES WOCHENENDE!

Le pronom interrogatif *wen*, qui

Le pronom interrogatif **wen**, *qui* correspond à l'accusatif et s'emploie pour le complément d'objet direct. À ne pas confondre avec **wer**, *qui* sujet, c'est-à-dire nominatif. Exemples :
Nominatif : **Wer kommt?** ➜ *Qui vient ?*
Accusatif : **Wen lädst du ein?** ➜ *Qui invites-tu ?*

5 « *Wen?* » ou « *Wer?* » À toi de jouer.

a. .... triffst du morgen?

b. .... kommt morgen?

c. .... geht ins Kino?

d. .... ladet ihr ein?

e. .... probt für das Sommerkonzert?

La phrase déclarative

Dans la phrase déclarative, le verbe conjugué se trouve toujours à la 2ᵉ place. La première place peut, quant à elle, être occupée par le sujet ou par un complément circonstanciel de temps, etc. Observe bien les exemples qui suivent.
Wir machen am Sonntag einen Ausflug.
Am Sonntag machen wir einen Ausflug.
➜ *Dimanche, nous allons faire une excursion.*

Si la 1ʳᵉ place est occupée par un complément, le sujet passe derrière le verbe conjugué !

Note aussi que le verbe conjugué est souvent au présent, si le futur est déjà indiqué par un complément de temps. Exemples de compléments de temps :
morgen ➜ *demain*
nächste Woche ➜ *la semaine prochaine*
nächstes Wochenende ➜ *le week-end prochain*

MODULE 8 : SCHÖNES WOCHENENDE!

6 Formule des phrases en commençant par le complément de temps. N'oublie pas la majuscule en début de phrase.

a. gehen / ins Kino / wir / morgen

....

b. ich / am Samstag / mit meiner Mutter / koche

....

c. gehe / shoppen / nächstes Wochenende / ich

....

d. nächste Woche / meine Klasse / einen Ausflug / macht

....

Les pronoms personnels au singulier et à la 3ᵉ personne du pluriel de l'accusatif

Les pronoms personnels se déclinent également. Dans cette leçon, tu vas apprendre la déclinaison accusative des pronoms personnels au singulier, excepté le neutre, ainsi que la 3ᵉ personne du pluriel. Ils correspondent à *me, te, le/la, les* en français.

Nominatif	ich	du	er	sie*	sie**
Accusatif	mich	dich	ihn	sie	sie

*elle, **ils/elles

Lädst du Michael ein? – Ja, ich lade ihn ein ➜ *Invites-tu Michaël ? – Oui, je l'invite.*
Lädst du Luka und Anna ein? – Ja, ich lade sie ein ➜ *Invites-tu Lucas et Anna ? – Oui, je les invite.*

7 Complète les phrases par le pronom personnel qui convient.

a. Lädst du Tobias ein? – Ja, ich lade .... ein.

b. Lädst du deine Cousine ein? – Ja, ich lade .... ein.

c. Lädst du Hannah ein? – Ja, ich lade .... ein.

d. Lädst du Petra und Steffi ein? – Ja, ich lade .... ein.

e. Lädst du deine Brüder ein? – Ja, ich lade .... ein.

f. Und lädst du mich ein? – Nein, ich lade .... nicht ein!!!

MODULE 8 : SCHÖNES WOCHENENDE!

La fête

das Geschenk (e)	le cadeau	die Einladung (en)	l'invitation
die Geburtstagstorte (n)	le gâteau d'anniversaire	die Bonbons	les bonbons
		tanzen	danser
die Kerze (n)	la bougie	lachen	rire
der Luftballon (s)	le ballon	singen	chanter

8 *Was ist das?* **Indique ce que c'est.**

a. Das sind ....
und ....

b.  Das ist eine ....

c. Das sind ....

d.  Das sind ....

MODULE 8 : SCHÖNES WOCHENENDE!

9 Décris ce que font les jeunes au cours de la fête avec les verbes : *singen*, *tanzen*, *essen*, *lachen* et *trinken*.

a. Sie ....

b. Sie ....

c. Sie ....

d. Sie ....

Une carte d'invitation

Pour rédiger une invitation, on commence par :
Liebe…, *Chère…* / **Lieber…**, *Cher…*

On termine par :
Ich freue mich über deine Zusage! → *Je me réjouis de ta venue !* (mot à mot « *de ta confirmation* »).

Deine, *Ta* + prénom de fille / **Dein**, *Ton* + prénom de garçon

On indique aussi :
Meine Adresse: … → *Mon adresse : …*
Meine Telefonnummer: … → *Mon numéro de téléphone : …*

Note également :
die Einladung (en), *l'invitation*
herzlich, *chaleureusement*
zu meiner Geburtstagsparty einladen, *inviter à ma fête d'anniversaire*

MODULE 8 : SCHÖNES WOCHENENDE!

10 Complète l'invitation avec les éléments suivants : *Geburtstagsparty, Adresse, freue, Deine, Liebe, Telefonnummer.*

EINLADUNG

a. .... Stefanie!

Ich werde 12. Ich lade dich herzlich zu meiner
b. .... am 21. Juni um 17 Uhr ein.

Ich c. .... mich über Deine Zusage!

Meine d. .... : Mozartstraße 23, Hamburg

Meine .... : 0172 3548 652

f. .... Tanja

11 Trouve l'intrus.

a. einen Ausflug machen / für die Bioarbeit lernen / ins Kino gehen / Freunde einladen

b. muss / mag / müssen / musst

c. und / dich / ihn / mich

d. lachen / arbeiten / singen / tanzen

MODULE 8 : SCHÖNES WOCHENENDE!

WORTSCHATZ N° 8

 Mots croisés

HORIZONTALEMENT

A5 cadeau ; C4 excursion ; E1 semaine ; F8 (je) dois ; G14 te (pron. pers. acc.) ; I1 gâteau d'anniversaire ; K1 bougie ; N5 le (pron. pers. masc. acc.) ; N10 inviter ; P11 danser ; R7 qui (acc.) ; T3 exposé

VERTICALEMENT

1K cinéma ; 3G fête d'anniversaire ; 4B (il) rit ; 5P (se) rencontrer ; 7I chanter ; 7R qui (nominatif) ; 9A devoirs ; 9P (il) danse ; 12L invitation ; 16E week-end.

MODULE 8 : SCHÖNES WOCHENENDE!

Bilan

Le verbe *müssen*, devoir
1. ....
2. ....

Les activités du week-end
3. ....
4. ....

Le pronom interrogatif *wen*, qui
5. ....

La phrase déclarative
6. ....

Les pronoms personnels au singulier et à la 3ᵉ personne du pluriel de l'accusatif
7. ....
8. ....
9. ....

Une carte d'invitation
10. ....
11. ....

Wortschatz 8
12. ....

SOLUTIONS

Module 0

1 a. 1 b. 12 c. 8 d. 10 e. 4 f. 7 g. 9 h. 14 i. 11 j. 2 k. 13 l. 3 m. 6 n. 5

2 a. [b] [é] [n] [tsèt] b. [upsilonne] [a] [n] [n] [i] [tsé] [k] c. [t] [a] [n] [yotte] [a]

3 a. Anna wohnt in Berlin. b. Wie ist dein Name? c. Ich heiße Paula. d. Lernst du Deutsch?

4 a. KRÄMER b. GRAU c. RÜHLER d. SCHÖN

5 Voyelle brève : essen ; ich ; rechnen ; nicht ; Sonne. Voyelle longue : ihr ; Tee ; sehen ; lesen ; Sohn.

6 [aou] : blau ; grau. [aï] : eins ; weiß ; Fräulein ; zwei ; Mai. [oï] : neun ; Fräulein ; Freund ; Mäuse.

7 a. Achim ; Bachmann ; Koch. b. Michael ; Richard. c. Natascha ; Schneider ; Steinmann ; Fasching.

8 a. wo b. viel c. wie viel

Module 1

1 a. Guten Morgen! b. Tschüss! c. Gute Nacht! d. Hi/Hallo!

2 a. geht's (geht es)/danke/dir b. Wie/euch

3 a. So lala/Na ja! b. Sehr gut c. Nicht gut

4 a. das, ist b. Wer, sind c. ist, Das

5 a. du b. Ich c. wir d. ihr

6 a. seid b. bin c. bist d. sind

7 a. wohne b. wohnst c. wohnen d. wohnt

8 a. komme b. heißt c. kommst d. heißt e. kommen f. heiße

9 a. Woher b. Wo c. heißt d. wie e. seid f. wohnst g. kommt

10 a. 6 D b. 4 G c. 7 F d. 1 B e. 3 H f. 8 A g. 5 E h. 2 C

11 SCHWEIZ/ÖSTERREICH/SPANIEN/DEUTSCHLAND

12 a. Deutschland b. die Schweiz c. Österreich d. Frankreich

13 a. 4 b. 5 c. 2 d. 1 e. 3

14 a. In b. In c. Aus d. In

15 a. italien b. français c. allemand d. espagnol e. anglais f. chinois g. russe h. japonais i. américain

16 a. sprechen b. Sprecht c. Sprichst d. spreche

17 a. Sprichst du Italienisch. b. Ja, ich spreche Englisch. c. Wir sprechen ein bisschen Französisch. d. Nein, ich spreche kein Spanisch.

18 a. 4 b. 6 c. 8 d. 9 e. 11 f. 14 g. 15 h. 17 i. 3 j. 0 k. 5

19 a. Wie alt seid ihr? b. Wir sind 11 (elf) c. Wie alt bist du? – Ich bin 12 (zwölf)

20 a. Wie heißt du? – Ich heiße Steffi. b. Woher kommst du? – Ich komme aus Deutschland. c. Wie alt bist du? – Ich bin zehn. d. Sprichst du Deutsch? – Ja, ich spreche ein bisschen Deutsch.

21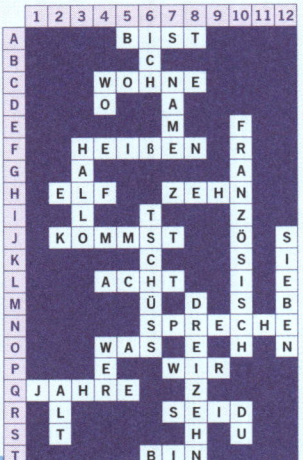

Module 2

1 a. 74 b. 700 c. 3 000 d. 254 e. 104 f. 2024 g. 392

2 a. dreiundsiebzig b. hundertfünfundzwanzig c. fünfhundertdreiundzwanzig d. fünftausendzweihundertsechsundsiebzig e. sechshundertdreiundsiebzig f. zweitausendzweiundzwanzig

3 a. 3 b. 1 c. 2 d. 5 e. 4

4 a. plus b. gleich c. durch d. mal e. minus

5 a. vier Euro neunzig b. fünfzig Euro dreißig c. zweihundertsieben Euro zehn

6 a. elf Uhr b. zehn vor acht c. zehn nach fünf d. Viertel vor vier e. Viertel nach fünf f. zwanzig vor neun

7 a. fünf vor halb zwölf b. fünf nach halb acht c. halb neun d. halb drei e. fünf nach halb elf f. fünf vor halb sechs

8 a. Um, viel b. um c. spät, es d. ist

9 a. Mitternacht b. spät c. früh d. Mittag

10 a. Montag, Mittwoch b. Freitag, Sonntag c. Mittwoch, Freitag d. Sonntag, Dienstag

11 a. Ich komme am Sonntag. b. Wir kommen am Mittwoch. c. Du kommst am Dienstag.

12 a. Februar b. März c. April d. Juni e. August f. September g. Oktober h. November i. Dezember

13 a. Wir kommen im Juli. b. Ihr kommt im Januar. c. Du kommst im August. d. Ich komme im Juni.

14 a. Welcher Tag ist heute? b. Der Wievielte ist heute?

15 a. der zwölfte April b. der dreiundzwanzigste März c. der siebzehnte November d. der dreißigste Juli e. der vierundzwanzigste Dezember.

16

17 1. Welcher Tag ist heute? – Mittwoch. 2. Wie spät ist es? / Wie viel Uhr ist es? – Es ist Viertel vor drei. 3. Wie teuer ist das? / Wie viel kostet das? – Das kostet achtzig Euro. 4. Der Wievielte ist heute. – Der dritte Juli. 5. Um wie viel Uhr? – Um Viertel vor vier.

Module 3

1 a. der b. die c. der d. das e. die f. der

2 a. sie b. sie c. sie d. es e. sie f. es g. sie h. es i. es j. er k. er l. sie m. sie

3 a. der Schüler b. der Stift c. die Schule d. die Tafel e. das Heft f. die Schultasche

SOLUTIONS

4 a. die Bücher, das Buch b. die Fächer, das Fach c. die Tafeln, die Tafel d. die Kinder, das Kind e. die Lehrer, der Lehrer f. die Schülerinnen, die Schülerin g. die Hefte, das Heft h. die Schultaschen, die Schultasche i. die Lehrerinnen, die Lehrerin j. die Zeugnisse, das Zeugnis k. die Klassenarbeiten, die Klassenarbeit

5 a. ein b. eine c. ein d. ein e. eine f. ein g. eine h. ein

6 a. Das ist eine Tafel. b. Das sind Hefte. c. Das ist eine Schultasche. d. Das sind Bücher.

7 a. auf dem Pausenhof b. im Informatikraum c. in der Aula d. in der Turnhalle e. im Klassenraum.

8 a. frühstückt b. gehen c. schreiben d. geht e. isst f. gehen

9 a. Wir arbeiten in der Bibliothek. b. Sie zeichnen. c. Ihr seht einen Film. d. Sie lesen. e. Ihr lest ein Buch. f. Wir zeichnen.

10 a. rechnet b. liest c. zeichnet d. sieht

11 a. allemand b. anglais c. français d. sport e. mathématiques f. biologie g. musique h. physique i. chimie

12 a. Biologie b. Mathematik c. Französisch d. Geschichte

13 a. Was hast du am Donnerstag? b. Ich habe Englisch, Musik und Geschi. c. Was habt ihr am Dienstag? d. Wir haben Kunst, Franz und Bio. e. Was hast du am Montag? f. Ich habe Sport, Mathe, Musik und Franz.

14 a. Geige b. Klavier c. Fußball d. Tennis

15 a. Sie zeichnen gern. b. Sie spielt gern Tennis. c. Er spielt gern Klavier. d. Sie spielen gern Fußball.

16 a. Schule b. Schüler c. gern d. Klavier e. Lehrer

17

9 a. eine Hose ; b. die Gummistiefel. c. einen Mantel, eine Hose. d. Schuhe ; e. den Pulli ; f. ein Hemd.

10 a. Sie zieht einen Rock und ein T-Shirt an. b. Die Kinder ziehen einen Pulli und einen Mantel an. c. Der Junge trägt eine Hose und ein Sweatshirt. d. Was trägst du? e. Michael trägt eine Jeans, einen Pulli und eine Jacke.

11 a. der Bikini/Orange b. das Kleid/Blau c. der Mantel/Schwarz d. die Strümpfe/Blau und Gelb e. die Schuhe/Braun

12 a. Sie feiern Ostern. b. Ich feiere meinen Geburtstag. c. Ihr feiert Silvester. d. Wir feiern Weihnachten.

13 a. Wie alt wird sie? b. Sie wird 13 (dreizehn). c. Wie alt werdet ihr? d. Wir werden 12 (zwölf). e. Wie alt wirst du? f. Ich werde 14 (vierzehn).

14 Zum Geburtstag viel Glück, zum Geburtstag viel Glück, zum Geburtstag, lieber Felix, zum Geburtstag viel Glück.

15 a. Sommer b. gelb c. schneit d. Kleid e. einen f. Wetter g. aber

16 **der** : Frühling, Rock, Mantel, Herbst, Geburtstag, Sommer, Pulli, Advent, Sport, Strumpf, Schuh.
die : Farbe, Sonne, Hose, Bluse, Frühlingsrolle.
das : Wetter, Hemd, Kleid, Jahr.

17

Module 4

1 a. Frühling b. Winter c. Herbst d. Sommer

2 a. Wann beginnt der Herbst? b. Wann beginnt der Frühling? c. Wann beginnt der Winter? d. Wann beginnt der Sommer?

3 a. 6 b. 3 c. 7 d. 4 e. 8 f. 5 g. 1 h. 2

4 a. Wetter b. ist warm, regnet c. kalt, scheint d. schneit, windig

5 Frühlingsrolle/Sommerfest/Winterferien/Herbstfarben/ Wintersport – a. das Sommerfest b. der Wintersport c. die Winterferien d. die Herbstfarben e. die Frühlingsrolle

6 a. der b. der c. die d. der e. der f. das g. das h. die i. der j. das k. die

7 a. SOMMERKLEID b. WINTERSCHUHE c. FRÜHLINGSJACKE d. WINTERSTRÜMPFE e. SOMMERHOSE f. WINTERJACKE

8 a. ein Kleid b. einen Pulli c. Schuhe d. einen Mantel e. einen Rock f. Strümpfe

Module 5

1 a. die Großmutter b. der Großvater c. der Urgroßvater d. die Urgroßeltern

2 Lars = der Großvater ; Anna = die Großmutter ; Peter = der Großvater ; Emma = die Großmutter ; Michael = der Vater ; Anja = die Mutter ; Tom = der Bruder

3 a. kein b. keine c. keinen d. keine e. keine f. kein g. keinen h. keinen i. kein j. kein

4 a. Habt ihr Geschwister? b. Haben sie ein Baby? c. Habt ihr keine Kinder? d. Habt ihr Kinder?

5 a. dein b. Mein c. deine d. Mein, deinen e. dein f. Meine g. Mein h. deine

6 a. Wie alt ist deine Schwester? b. Meine Großmutter ist 70 Jahre alt. c. Wie heißt deine Cousine? d. Kennst du meinen Bruder? e. Mein Sohn spielt Fußball. f. Kennst du meine Tante?

125

SOLUTIONS

7 a. klein, süß b. jung, schlank, schön c. stark, sportlich, groß d. klein, alt

8 a. lustig b. traurig c. böse d. intelligent

9

10 a. Meine Großmutter ist nicht jung. b. Mein Großvater ist nicht groß. c. Deine Mutter ist nicht alt. d. Die Kinder sind nicht lieb/nett. e. Meine Schwester ist nicht groß.

11 a. einen Vogel b. zwei Goldfische und einen Hamster c. habe eine Schildkröte d. habe einen Hund und zwei Hamster

12 a. meinen Goldfisch b. deine Katze c. deinen Hamster d. deine Schildkröte e. meinen Hund

13 a. Schildkröte b. Geschwister c. lustig d. groß

14

15 Horizontalement : a. Goldfisch b. habe c. stark d. klein e. Familie f. intelligent – Verticalement : a. Baby b. Kind c. Knochen d. sportlich e. Geschwister f. Käfig

Module 6

1 a. das Brot b. das Obst c. die Schokolade d. das Hähnchen e. das Fleisch f. der Reis g. das Gemüse

2 a. die Milch b. der Kakao c. das Wasser d. der Apfelsaft

3 a. Frühstück b. Brot, ein Ei, Marmelade, Orangensaft, Wurst und Kakao c. Mittagessen d. Hähnchen, Gemüse, Reis und Eis

4

ich	du	er/sie/es	wir	ihr	sie
habe getrunken	hast getrunken	hat getrunken	haben getrunken	habt getrunken	haben getrunken
habe gegessen	hast gegessen	hat gegessen	haben gegessen	habt gegessen	haben gegessen

5 a. Du hast einen Apfelsaft getrunken. b. Er hat ein Ei gegessen. c. Wir haben einen Orangensaft getrunken. d. Ihr habt Eier gegessen. e. Sie haben einen Kaffee getrunken.

6 a. Wir haben Wasser getrunken. b. Er hat Brot gegessen. c. Sie hat Milch getrunken. d. Sie haben Obst gegessen.

7 a. drei Gläser b. zwei Teller c. zwei Gabeln d. ein Messer

8 a. Luka mag Schokolade, Spaghetti, Hähnchen und Gemüse. b. Wir mögen Brot, Zucker, Obst und Eier. c. Ich mag Reis, Fisch und Käse.

9 a. kein/keinen/keinen b. keine/keinen/kein

10 a. Trinkst du gern Milch? b. Essen die Kinder gern Fisch? c. Ich esse nicht gern Eier. d. Ihr esst gern Müsli.

11 a. MARKT b. SUPERMARKT c. FLEISCHEREI d. BÄCKEREI

12 a. in die Fleischerei b. in die Bäckerei c. auf den Markt d. in den Supermarkt

13 a. möchte b. möchtet c. Möchtest d. möchten

14 a. zwei Stück Käsekuchen b. eine Brezel und ein Schwarzbrot

15 der : Fisch, Kakao, Honig, Kaffee, Orangensaft, Kuchen, Teller, Supermarkt, Markt. die : Wurst, Marmelade, Gabel, Bäckerei, Fleischerei, Brezel, Schokolade, Tasse. das : Obst, Gemüse, Fleisch, Hähnchen, Wasser, Müsli, Brot, Eis, Glas, Messer, Frühstück, Abendbrot, Mittagessen, Schwarzbrot, Ei.

16 a. BRÖTCHEN b. ZUCKER c. BUTTER d. KÄSEKUCHEN

17

Module 7

1 a. im Badezimmer b. im Schlafzimmer c. im Wohnzimmer d. im Garten e. im Arbeitszimmer f. in der Küche g. in der Garage h. im Keller

2 a. sieht fern b. badet c. putzt d. schlafe e. duschst f. wäscht g. kochen h. sehen fern i. wäscht j. putze k. schläfst l. koche

3 a. Man arbeitet. b. Man badet/duscht. c. Man schläft. d. Man isst. e. Man kocht.

4 a. 4 b. 1 c. 5 d. 6 e. 2 f. 7 g. 3

SOLUTIONS

5 a. Putz die Küche! b. Deckt den Tisch ab! c. Macht euer Bett!
d. Wasch die Wäsche! e. Putzt die Küche! f. Deck den Tisch ab!
g. Mach dein Bett! h. Wascht die Wäsche!

6 a. den Fernseher b. den Schreibtisch c. den Kühlschrank
d. die Stühle e. den Tisch f. das Bett

7 a. auf den Schreibtisch b. ins Schlafzimmer
c. ins Wohnzimmer d. in der Küche

8

	masculin	féminin	neutre	pluriel
nominatif	der Stuhl	die Wohnung	das Haus	die Schränke
accusatif	den Stuhl	die Wohnung	das Haus	die Schränke
datif	dem Stuhl	der Wohnung	dem Haus	den Schränken

9 a. Im Wohnzimmer. b. Auf dem Nachttisch. c. In der Küche.

10 a. das Badezimmer, *la salle de bains* b. das Wohnzimmer, *le salon* c. der Schreibtisch, *le bureau (meuble)* d. das Arbeitszimmer, *le bureau (pièce)* e. der Kühlschrank, *le réfrigérateur* f. das Schlafzimmer, *la chambre à coucher* g. das Esszimmer, *la salle à manger* h. der Fernseher, *la télévision*

11 a. das Gemüse b. die Bäckerei c. trinken d. das Obst
e. die Gabel f. spielen

12

7 a. ihn b. sie c. sie d. sie e. sie f. dich
8 a. Luftballons, Bonbons b. Geburtstagstorte c. Kerzen
d. Geschenke
9 a. tanzen b. essen, trinken c. lachen d. singen
10 a. Liebe b. Geburtstagsparty c. freue d. Adresse
e. Telefonnummer f. Deine
11 a. für die Bioarbeit lernen b. mag c. und d. arbeiten
12

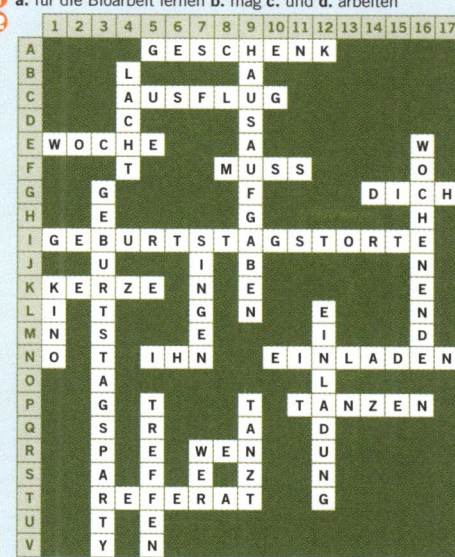

Module 8

1 a. ihr müsst b. ich muss c. sie müssen d. er/sie/es muss
e. du musst f. wir müssen g. ihr müsst

2 a. Er muss ein Referat über Paris vorbereiten. b. Sie müssen für die Französicharbeit lernen. c. Die Schüler müssen für das Sommerkonzert proben. d. Du musst deine Hausaufgaben machen.

3

ich	du	er/sie/es	wir	ihr	sie
treffe	triffst	trifft	treffen	trefft	treffen
lade ... ein	lädst ... ein	lädt ... ein	laden ... ein	ladet ... ein	laden ... ein

4 a. Sport b. Konsole c. Kino d. Ausflug e. shoppen f. Freunde
5 a. Wen triffst du morgen? b. Wer kommt morgen? c. Wer geht ins Kino? d. Wen ladet ihr ein? e. Wer probt für das Sommerkonzert?
6 a. Morgen gehen wir ins Kino. b. Am Samstag koche ich mit meiner Mutter. c. Nächstes Wochenende gehe ich shoppen.
d. Nächste Woche macht meine Klasse einen Ausflug.

TABLEAU D'AUTOÉVALUATION

Bravo, tu es venu à bout de ce cahier ! Il est temps à présent de faire le point sur tes compétences et de comptabiliser les icônes afin de procéder à l'évaluation finale. Reporte le sous-total de chaque chapitre dans les cases ci-dessous puis additionne-les afin d'obtenir le nombre final d'icônes dans chaque couleur et découvre tes résultats !

Module 0 ....
Module 1 ....
Module 2 ....
Module 3 ....
Module 4 ....
Module 5 ....
Module 6 ....
Module 7 ....
Module 8 ....

Total, tous modules confondus ....

Tu as obtenu une majorité de…

Super! *Super !*
Tu t'en es très bien sorti, continue comme ça !

Nicht schlecht! *Pas mal !*
Mais tu peux progresser en refaisant les exercices où tu as fait des erreurs.

Noch einmal! *Encore une fois !*
Reprends l'ensemble de l'ouvrage en relisant bien les leçons avant de refaire les exercices.

CRÉDITS ICONOGRAPHIQUES : Couverture : Anne-Sophie Peyer - **Intérieur :** Fotolia : eyewave : 58b ; Sentavio : 61b, 63a. Shutterstock : Aleutie : 68 ; Alexander Ryabintsev : 95h ; Anastasia_B : 37 ; ankomando : 41b, 45e ; Antranig : 51a,b, 52b ; AnutaBerg : 73h, 80b,c, 81c, 86d, 87b, 88d, 91h ; A-R-T : 38 ; Artisticco : 92b ; asantosg : 20 ; AVS-Images : 29, 30, 31a ; barberry : 86c, 91(8a) ; benchart : 106f ; Beresnev : 88b, 94a ; beta757 : 33 ; bioraven : 86a, 88b, 91(8b), 95bd ; Blablo101 : 14, 77a,b,c,d ; BlueRingMedia : 22 ; Bplanet : 64a,e ; brgfx : 46a, 47b, 74 ; BSVIT : 16, 99 ; cobalt88 : 103h, 106a ; Creatarka : 84 ; Creative Stall : 106b ; dandoo : 87d ; Dooder : 31c ; elenabsl : 101 ; EugenP : 102 ; fayska : 52a ; Fotinia : 60g ; Gaia Vetiveria : 63e ; graphic-line : 67, 120d ; GraphicsRF : 90h ; grmarc : 42c,d ; gst : 87a, 88b, 91(8b), 92b ; hand draw : 52b ; happymay : 31h, 61f, 63d ; Huza : 77c ; Iconic Bestiary : 46c, 48a, 80c, 81d, 94c ; in_dies_magis : 61c ; Incomible : 44d, 51b, 56h, 115, 116c, 119h, 121h ; Inspiring : 89 ; Irina Kostyuk : 61h ; Ivanova Natalia : 88b ; Jaroslav Machacek : 106c ; jeedlove : 25 ; jesadaphorn : 21d, 77mb, 116f ; Julia Tim : 54 ; kaa67alex : 51d ; Kanate : 51c, 52d ; Kavoon : 35h ; Ksanawo : 120b ; Laralova : 91 ; liskus : 79 ; Lorelyn Medina : 28, 48c, 81b, 100b, 116e ; lukpedclub : 88d, 91(8c) ; Mackey Creations : 59, 61a ; Macrovector : 6h, 11, 27d, 45b, 48d, 51h, 55, 70, 73b, 75, 94d, 103b, 116, 120a ; MANGA MEDIA : 12bm, 45d ; manukandesign : 88b, 92b ; maraga : 86e ; Marish : 17b ; marius1987 : 18 ; MaryCo : 76 ; Mascha Tace : 26, 108 ; mayrum : 114b ; mhatzapa : 39 ; Millena : 77b, 110 ; Minur : 92a, 119c ; Miuky : 107, 109 ; mmar : 12h ; MSSA : 46b,d, 58b, 71, 80a, 81b ; MyClipArtStore.com : 45a, 57 ; Naschy : 77d ; Natalia Aggiato : 8h ; Netta07 : 86f ; NokHoOkNoi : 106e ; NotionPic : 8b, 72, 91, 92a, 116d, 123 ; Oceans : 41h, 42b, 44b, 48a, 49 ; Olga1818 : 4, 5, 6b, 10, 12hm, 13, 14g, 15h, 17h, 19, 24, 31m, 34, 35b, 42a, 43, 45c, 50, 58a, 64d, 65, 80a,b,c, 83, 88a, 95mb, 113, 116b, 117b, 119d, 121b, 122 ; Oxy_gen : 32 ; Ramanouskaya : 96 ; Red monkey : 112 ; red rose : 61e, 63b ; RedlineVector : 44c, 114h ; reezuan : 21g ; robuart : 104 ; Romashechka : 60d ; Sabelskaya : 47c ; sahua d : 91(8c) ; Sibiryanka : 61d, 63c ; skyclick : 120b ; SlyBrowney : 47e ; solgas : 27g ; Spreadthesign : 56a ; SThom : 91(8a) ; Stocklifemax : 31d, 85, 87b, 98, 117h ; StockSmartStart : 12bg, 47f ; subarashii21 : 80c, 81e ; Sudowoodo : 86b, 91(8b) ; Supermint : 7 ; Taxiro : 90b ; tn-prints : 45c, 64b ; Tomacco : 52c ; Vasilyeva Larisa : 78 ; Vector Bakery : 119b, 120 ; Vetreno : 100h ; Virinaflora : 46d ; Visual Generation : 94b ; Volha Shaukavets : 88d, 92b ; WindAwake : 12hg ; Woodhouse : 64c ; yoshi-5 : 31h, 77a ; Yurchenko Yulia : 40, 44a, 67 ; Yuzach : 86g, 92a ; zzveillust : 45c, 80b, 81a, 105, 106d. DR : 1, 3, 15b, 48b, 56b, 63h, 87c, 88c, 93.

Mise en pages : Élodie Bourgeois pour Lunedit
Réalisation : Lunedit
© 2019 Assimil

Dépôt légal : mai 2019
N° d'édition : 3853
ISBN : 978-2-7005-0799-7
www.assimil.com
Imprimé en mai 2019 chez DZS, Slovénie